Miraş Çağrı Aktaş'tan

# *Kendine Hoş Geldin*

## Miraç Çağrı Aktaş

Baskı: Mart 2021
ISBN: 978-625-7671-21-7
Yayınevi Sertifika No: 31594



Editör: Yeliz Eke
Son Okuma: Ayşe Nur Buğalı
Sayfa Tasarımı: B&S Ajans
İç Görseller: Büşra Sena Yılmaz
Kapak Tasarımı: İlknur Muştu

Baskı
My Matbaacılık San. ve Tic. Ltd. Şti.
Maltepe Mah. Yılanlı Ayazma Sok. No: 8 Kat: 2
Zeytinburnu / İstanbul Tel: 0 (212) 674 85 28
Sertifika No: 47939

İNDİGO YAY. DAĞ. PAZ. REK. LTD. ŞTİ.
Tozkoparan Mah. General Ali Rıza Gürcan Cad. Metropol Center A
No: 31 İç Kapı No: 54 Güngören / İstanbul
Tel: 0 (212) 438 17 83 • Fax: 0 (212) 438 17 84
www.indigokitap.com • info@indigokitap.com

İNDİGO YAY Bir İndigo Kitap Yayın Dağ. Paz. Rek. Ltd. Şti. markasıdır.

# KENDİNE HOŞ GELDİN

MİRAÇ ÇAĞRI AKTAŞ

İ N D İ G O   K İ T A P

*Yorulmuşlara...*

*Dinlenmek, iyi hissetmek ve*
*kendine gelmek isteyenlere...*

Günün tavsiyesi:

Bugün beklediğin ilgiyi kendine sen ver.

Kimseye ihtiyacın yok.

Sen kendine de yetersin.

Başkasının olmasına gerek yok.

Sen kendinle de güzelsin.

*"Umut belki de gelecek sayfadadır.*
*Kapatma kitabı."*[1]
*Edmond Jabès*

Şimdi belki, "Miraç, yine hangi kızı sevip bu kitabı yazdın da bize acılar çektireceksin?" diye söyleneceksiniz. Korkmayın, korkmayın. Kimseyi sevmedim, sevemedim. Aslında niyetim diğer kitaplarımda da size acı çektirmek değil, gerçekleri anlatmaktı. Yalnızca bunu yaptım; fakat bu kez biraz farklı. Dediğim gibi, kimseyi sevmedim, sevemedim. "Kalbin mi taşlaştı?" diye soracak olursanız, sanırım evet... Kalbim kimseyi sevemeyecek kadar yorgun, duygularım bir daha kimseye yanaşmayacak kadar uzak bana. Çalıştım, inanın; sevmeye, ait olmaya, sahiplenmeye ve kabullenmeye çalıştım. Olmadı. "Hep mi suç onlarda, senin hiç suçun, hatan yok mu?" diyecek de olursanız, elbette var. Ben mükemmel değilim. Tabii ki hatalarım, kusurlarım, törpülenmesi gereken yanlarım var. Mükemmele inanmam. Bu yüzden kendimi mükemmel arayışında da yormam. Benim tek suçum değer vermek, sahiplenmek ve hep çabalayan taraf olmak. Kimse de bunu istemediği için hep kaybeden ve yalnız kalan taraf ben oluyorum. Uzun süredir ne hayatıma birini almaya ne kimseyi sevmeye çalışıyorum. Bırakın hayatıma birini almayı, kendimi bir başkasına dökecek, anlatacak ve kanıtlayacak dermanı bile kendimde göremiyorum. Sanırım şu sıralar bitiği oynuyorum; ama bitik olmak güzelmiş. Kafan rahat ya. Ne karışanın var ne edenin. Kıskanmıyorsun, kıskanılmıyorsun. Bu evreye gelene kadar neler çektim, neler yaşadım bilemezsiniz. Gerçi diğer kitaplarımdan biliyorsunuz... Mesela, en son ilişkim... *Sen On Yedi Yaşımsın* kitabımda bahsettiğim Zümra...

Bu arkadaşı, kitabı okuyanlar iyi tanır. Bana yaşattıklarını da iyi bilir. Ben en son böyle birini hayatıma aldım ve insanoğlunun çok acımasız olduğunu da bu arkadaş sayesinde öğrendim. Dedim ya size, şu an içinde bulunduğum duruma gelmek için neler gördüm, yaşadım. Bunlardan bir tanesini kısaca anlatayım: Haşmet Amca'yı tanır mısınız? Bahsettiğim eski kız arkadaşım Zümra'nın dedesi. Ne yazık ki Hakk'ın rahmetine kavuştu. Onu çok severdim. Zümra'yla ayrıldıktan sonraki süreçte Haşmet Amca'yla görüşmeye devam ettik. Bir süre sonra onun ölüm haberi geldi ve ilk uçakla Malatya'ya gittim. Seneler sonra onu gördüm... Bir çocuk vardı yanında. Onları gördüğüm ilk an evlenip çocuğunun olacağı ihtimalini getirmedim aklıma. Hadi evlenme ihtimali neyse de, çocuk... Ne bileyim... Neyse, aklıma getirmediğim ihtimallerin hepsi birer birer doğru çıktı. Evlenmiş ve bir erkek çocuğu olmuş. Adını da bilin bakalım ne koymuşlar? İçinizden "Miraç" dediğinizi duyar gibiyim. Bingo! Doğru tahmin. Evet, eski sevgilim evlenmiş, doğan erkek çocuğuna da benim adımı vermiş. Şaşırmadım, umarım yolu, bahtı açık, karakterinin annesine çekmediği güzel bir hayat onun olur.

Haşmet Amca'da bir hakkım yoktu ama yine de insanlık vazifemi yerine getirip hakkımı helal edip geri döndüm. Ben kendimi kimseye göstermedim ama oradaki her şeyi gördüm. Bu durum beni üzmemişti ama çocuğuna adımı vermesi, ne bileyim, garip geldi. Çok da dert etmedim. Herkesin yolu kalbinin layığına açık olsun deyip bu defteri bir kez daha kapattım. Son iki ilişkimin özeti: Ayrılırız, kız gider başkasıyla tanışır ve soyadı benim soyadımla aynı olan biriyle evlenir. Ayrılırız, kız gider evlenir, çocuğu olur ve doğan çocuğuna benim adımı verir.

Demek ki sorun bende. Sevmeyi beceriyorum da konu sevilmeye gelince hep bir sıkıntı.

Şu an içinde bulunduğum mevcut psikolojiye, hissizliğe, umursamazlığa ulaşmak için çok badire atlattım. "Ee, sen yalnız mı öleceksin? Bir kız yüzünden karalar bağlamışsın, kalbinin kapılarını kapatmışsın," falan demeyin. Ben incinsem de incitmem. Kapılarım açık. Yalnızlık Allah'a mahsus, kuluna değil. Günü gelir, biri bana bir kalbim olduğunu hatırlatır, yeniden aşkın var olduğunu anımsatır, yeniden sevebilirim. İçimdeki sevgi tohumlarını yeşertebilirim fakat o güne kadar ben böyle iyiyim. O yüzden şimdilik kurdun aklına kuzuyu sokmayın derim. Evet, bu kitap bir farklı demiştik. Evet, farklı. Ben kendime geldim arkadaşlar.

"Tilkinin dönüp dolaşıp geleceği yer kürkçü dükkânıdır" misali, bir insanın da birtakım insanlardan ve olaylardan sonra geleceği en son yer, kendisi bence. Ben de tam olarak son duraktayım. Olmaktan korkmadığım, huzurlu hissettiğim yerdeyim; kendimdeyim. Ne kimseye karşı bir beklenti içine giriyorum ne de kimsenin beni sevmesi için kapısına gidiyorum. Saldım her şeyi. Kim gelmiş, kim gitmiş, kim sevmiş, kim sevmemiş gerçekten umurumda bile değil. Aynanın karşısına ne zaman geçip kendime baksam bir gülme alıyor. Diyorum ki, ne saçma insanlar ve olaylar için yormuşsun kendini. Gitmek isteyenlerin yanımda kalmaları için uğraşmak mı dersin, kalbi olmayan insanlardan sevgi beklemek mi dersin. Açıklama yapmak zorunda olmadığım insanlara bir şeyleri anlamaları için dilimde tüy bitirmelerim mi dersin.

Neler neler... Dedim ya, saldım. Kim ne anlıyorsa anlıyor. Kim kimi seviyorsa seviyor. Kim nereye gitmek istiyorsa gidiyor. Karışmıyorum. Eskiden olsa tepki vereceğim, fırtınalar koparacağım şeylere yaprak dahi kıpırdatmıyorum; çünkü ben kendimi çok saçma şeyler ve insanlar için yormuşum. Şimdi çok net görüyorum. Bu yüzden artık ben yalnızca kendimde mutlu oluyorum. Birilerini sevmek için kendimi zorlamıyorum; çünkü kendimi seviyorum.

Belirli insanlar dışında kimseye değer vermiyorum. Kendime değer veriyorum. İçinde bulunduğum rahatlamışlıktan, duygusuzluktan ve hissizlikten geçmişime sesleniyorum; kimsenin kendisinden başka bir şey düşünmediği bu hayatta, artık ben de kimseyi kendimden daha değerli görmüyorum. Kendi kabuğumdayım, kendimi dinliyorum. İyi geliyor, size de tavsiye ediyorum.

**Gidecek yerin yoksa kendine gel.**
**Bir an önce gel. Sevmek nasıl oluyormuş,**
**onlara kendini severek göster!**

# İyi ki Varsın

Daha önce seni çok üzdüler, biliyorum. Çok yorgun ve kırgın olduğunu da biliyorum. Gitmez sandıklarının senden gittiğini, sevginin harcandığını, emeklerinin çöpe gittiğini biliyorum.

Farklı sandığın ve güvendiğin insanların hiç kimseden bir farkı olmadığını, güvendiğine güveneceğine pişman edildiğini biliyorum. Kırgınlığını ifade edecek bir cümle dahi bulamadığın günlerin olduğunu da biliyorum. Merak etme; ne hissettiğini, ne düşündüğünü çok iyi anlayabiliyorum. Şunu bilmelisin, yanındayım. Bunu bilmeni istiyorum. Öyle diğerlerinin sana başta söylediği, "Yanındayım," gibi sözde bir, "Yanındayım," değil bu. Ben senin gerçekten yanındayım. Yaralarını sarmak için elimden geleni de yaparım; çünkü herkes gider, ben seninle kalırım. Başkaları için hiçbir anlam ifade etmiyor olabilirsin. Kimse seni sevmiyor da olabilir; ama üzülme, seni ben seviyorum. Benim için önemlisin. Hem de çok önemlisin. İyi ki de varsın. Kimse senden değerli değil ve bu hayatta senden bir tane daha yok. Unutmamalısın.

**Kimse yoksa ben yanındayım.**
**Kimse seni sevmese de ben seviyorum.**
**Kimse için bir anlam taşımıyorsan da**
**benim için anlamlısın.**
**Kendini üzme,**
**senin değerini bilmeyenler utansın.**
**Senden gidenler de gittikleri yerde**
**senin gibi insanı bulamasın.**
**Tekrar söylüyorum; iyi ki varsın.**

**Bir tarafı eksik büyüyen bir insana,**
**kimsenin ne gidişi koyar, ne sevmeyişi...**
**Büyük kaybetmiştir çünkü.**
**Korkmaz kaybetmekten kimseyi.**

Yaşım yirmi beş. Bu yaşıma kadar bir tarafım hep eksik kaldı; baba sevgisi görmeden büyüdüm. Arkadaşlarım, çevremdeki insanlar ve zaman zaman ailemdeki insanlar tarafından da epey bir dışlandım.

Öyle her istediği olan, her istediği oyuncak alınan çocuklardan olmadım. Daha doğrusu çocukluğumu hiç yaşayamadım. Ne zaman bir çocuk görsem yaşayamadığım ve içimde ukde kalan çocukluğum gelir aklıma. Bu yüzden çocuklar hep bir başka gelir bana. En ufak bir sıkıntıda sığınabileceğim bir limanım olmadı hiçbir zaman. Hep kendime sığındım. Bütün yaralarımı kendim sardım. Babasızlığı hep içime bastırdım. Bir süre sonra bu durum canımı acıtmamaya başladı, ben de alıştım.

Kimseden maddi beklenti içine de girmedim. Bana gelen bir telefon ve sorulan hal hatır fazlasıyla yeterdi. Bu benim için en büyük servetti; ama kimse bilemedi. Bir yerden sonra ben bu acıya da alıştım. Belki beni güçlü kılan şey de buydu. Babasız büyüyen bir insana hiçbir şeyin, hiç kimsenin yokluğu koymaz. Hiçbir gidişle, hiçbir sevmeyişle korkutamazsınız o insanı. Hayattaki en büyük acıya alışmıştır çünkü o. En büyük sevgisizliğe alışmıştır. Hangi acı yıkabilir ki onu? Bana göre hiçbir güç babasız büyüyen bir insanın gücünden üstün değildir bu hayatta. Babam bizi terk ettiğinde kız kardeşime ve bana annem sahip çıktı. Bu yüzden de annem çok baskı gördü. "Bu çocukların babasından adam olmamış, bunlardan mı adam olacak?" düşüncesi sarmıştı bütün aileyi. Özellikle anneannem ve dedem bizi yuvaya vermesi konusunda anneme çok baskı yapmış, aksi takdirde bizi evden kovacaklarını söylemişlerdi. Bir anne çocuklarının yuvaya verilmesindense sokakta kalmayı tercih ederdi. Evden kovulmuştuk. Bildiğiniz sokakta kaldık. Bu baskıya ve onca zorluğa göğüs gerip yemeyip yediren, içmeyip içiren bir annenin mücadelesi getirdi beni karşınıza. İşte bu acılara rağmen bir an olsun pes etmeyip, yoldan çıkmayıp o kadar zorluğun içinden sıyrılıp geldim karşınıza.

Hani bana hep soruyorsunuz ya, bunca şeye rağmen, "Nasıl güçlü kalabiliyorsun? Nasıl gülebiliyorsun?" diye. İşte tam olarak size bu anlattıklarımı yaşamam sayesinde. Acılarım sayesinde.

İnsan ne kadar acı çekerse o kadar güçlenir ve o kadar güzel güler. "Güzel gülen insanlar var, içleri paramparça..." diye bir söz okumuştum. Epeyce haklıydı...

**Babasız büyüyen insanlar hiç şüphesiz,**
**bu dünyanın en güçlü insanlarıdır.**

**Acılarının seni sardığı dönemlerde**
**Reşat Nuri Güntekin'in şu sözü aklına düşsün:**
**"En uzun, en çaresiz geceni düşün.**
**Sabahı olmadı mı?"[2]**

Merak etme her şey geçecek.

Sen sadece yaşadığın acına sımsıkı sarıl; çünkü o seni daha da güçlendirecek. Daha önce geçmez dediğin şeylerin geçtiği gibi bu da geçecek. Sen ne badireler atlattın; o kalbin, diğerlerini yendiği gibi bunu da yenecek. Hani Allah dağına göre kar verirmiş ya, sabret, bir gün Allah senin dağına verdiği o karı da eritecek. Sen içinden çıkılması zor acılardan bugüne kadar tek başına çıktın. "Bunu atlatamam," dediğin her şeyi tek başına atlattın. Bunların hepsini tek başına yaptın. Belki canını çok yaktı hayatına aldıkların. Belki çok yordu seni acıların. Belki birine sarılmaya en çok ihtiyacın olduğu zamanlarda kendine sarıldın. Soruyorum sana, ben bu acıyla yaşayamam dediğin hangi acıya alışmadın? Hepsine alıştın ve her şeyi tek başına atlattın. "Yanındayım," diyen hiç kimse, bir şeyleri atlatmak için çırpındığın günlerde yanında yoktu. En çok yanında olmasını istediğin insan, en çok ihtiyacın olduğu zaman yanında yoktu. Unutma, bu da geçer. Ve sen her zamanki gibi bunu da atlatırsın. Sen o kadar güçlüsün ki, hiçbir acıyla yıkılmazsın.

**Zor günlerimde yaslanamadığım dağları yıktım.**
**"Yanındayım," dediniz**
**ama ben her acımda yalnızdım.**

# Uzak Dur

Ne istediğini ve hissettiğini bilmeyen, sadece kendisini düşünen benmerkezci insandan uzak dur. Mutsuzluktan beslenen, sevgiyle güzelleşmeyen, en ufak bir şeyde gitmeye meyilli insandan uzak dur. Gönül almayı bilmeyen, sen yapıcı davranırken yıkıcı olan, seni değiştirmeye çalışan ve fedakârlık yapmayan insandan uzak dur. Hayvanları sevmeyen, söyledikleri ile yaptıkları çelişen, sana değer vermeyen ve sürekli kendini açıklamak zorunda kaldığın insandan uzak dur. Kendi isteklerini sana dayatmaya çalışan, sevdiğini hissettirmeyen, özür dilemeyi bilmeyen ve herkese tepeden bakan insandan uzak dur. Sana güvenmeyen, güven vermeyen ve önceliği olmadığın insandan uzak dur.

Aslında daha sayacaktım fakat kitabın sayfaları bitecek diye korkuyorum. Bu saydığım özelliklerin birini bile taşıyan biriyle karşılaşırsanız uzak durun. En azından kolay kolay üzülmezsiniz. Bu saydığım özellikleri taşıyan insanlar için uğraşmak, taşı sulayıp çiçek açmasını beklemekten farksız.

**Allah yüreğinize, samimiyetiyle ve samimi niyetiyle geleni nasip etsin...**

**İnsan büyüdüğünü ne zaman anlar?**
**Bakın Nilgün Marmara, "İnsan büyüdüğünü ne zaman anlar?" sorusunu nasıl cevaplamış:**
**"Eskiden yaşansa dokuz köyü ateşe vereceğin şeylere kibrit bile yakmıyorsun.**
**Tahammül etmeyi ve şaşırmamayı öğreniyorsun.**
**Artık hiçbir şeye şaşırmadığını fark ettiğin gün büyüdüğünü de fark etmiş oluyorsun aslında."**

Evet, artık ben de büyüdüm. Yalanı gerçeği, eğriyi doğruyu, beni üzecek insanları, birtakım olayları daha en başından görebiliyor ve kestirebiliyorum. İnsanların bir an olsun düşünmeden acımasızca yaptığı onca şeye şahit oldum ki artık hiçbir şeye şaşırmıyorum. Tepki vermiyorum. Veremiyorum. Hiç kimse için, "O, öyle bir şey yapmaz," diyemiyorum; çünkü yapar, çok iyi biliyorum. Bu evreye gelene kadar belki canım çok yandı ama eskiden yaşasam fırtınalar koparacağım şeyler için şu an yaprak kıpırdatmıyorum. Her şeyi, herkesi kendi haline bırakıyorum; çünkü herkes kendi halinde ve kendi yolundayken güzel... Çok net görüyorum. Artık kimsede iyi niyet görmeye çabalayacak gücü kendimde göremiyorum. Ben artık büyüdüm. Emeği geçen herkese teşekkür ediyorum.

**Bir zamanlar bağ kurduğum insanlarla**
**aramda şu an dağ var.**
**Bakın bu da büyümektir.**

## Çöpe Atmayın, Tamir Edin

Bir şeyler bozulduğunda hemen çöpe atma değil de onarma taraftarı olmuşumdur her zaman. Örneğin, televizyonun kumandası çalışmıyorsa ilk önce söker bir bakarım içine. Pil kontrolü yaparım ya da ne bileyim işte onarmaya çalışırım. Bu ilişkilerimde de böyledir. Karşı taraf gitmek istese de bitirmek istese de nedenini sorarım. Hiçbir zaman kestirip atmaktan ve her şeyi silmekten, çöpe atmaktan yana olmadım. İstenmediğim bir yerde kalacak kadar gurursuz da olmadım. Her şeyin, herkesin oluru için uğraştım. Kendisini inatla çöp kutusuna layık görenleri de geri dönüşüm kutusuna yollayıp yeni tecrübeler kazandım.

Bir gün yaşlı bir çifte sormuşlar:

"Tam altmış beş yıl... Bunca yıl nasıl ayrılmadan evli kaldınız?"

Yaşlı çift cevap vermiş:

"Bizim zamanımızda bir şeyler tamir edilirdi, çöpe atılmazdı."

Peki, günümüzde böyle mi? Asla. Herkes birbirinin açığını arama, kusurunu bulma peşinde. Bu yüzden de birbirini sevmeyi unutan insanlar biliyorum. Herkesin ilişkisine ve hayatına aldığı kişiye bakış açısı resmen şöyle: "Amaan, olsa da olur, olmasa da." Tam olarak bu. Ne varsa eskilerde var, diye boşuna dememişler.

Sahi, ne varsa eskilerde var.

## İçin Rahat Olsun

Sen neden kendini üzüyorsun? O hayatını yaşıyor. Görmüyor musun? Sen neden kelebek kadar kısacık hayatını değmeyecek bir insan için kendine zindan ediyorsun? Değer mi bu kadar kendini yıprattığına? Bir daha mı geleceksin bu hayata?

Elinden geleni yaptın bütün duygularınla. Her seferinde ona gittin kalbindeki aşkla.

Onca sorun vardı ama kaldın onunla. En ufak bir şeyde o yöneldi kapıya. Sen onu mutlu etmek için her şeyi yaparken, o bıraktı seni onca acının ortasına. Değmez bir damla bile olsa gözyaşına. Kendini toparla. Sen başkaları için kendini fazlasıyla üzerken sana kimse üzülmüyor, bu da bulunsun aklında. Şunu da unutma, o seni hak etmiyor. Değerini bilmeyen birinin hayatında olmaktansa sarıl yalnızlığına. Kendi gibileri yeter ona. Senin için rahat olsun. Bırak senin yerine onları koysun. O başkalarına doysun. Sen sahte sevgilere toksun.

**Sen, benim sana söylemek istediğim onca şey varken, avazım çıktığı kadar sustuğumsun.**

## Beklenti Sıfır, Kafa Rahat...

Hayat seni her şeyin üstesinden tek başına gelmeye alıştırdığında, "Ben bunu atlatamam," dediğin şeyleri bir başına atlattığında, resmen kafana vururmuşçasına, defalarca hayatta kendinden başka hiçbir şeyin değerli olmadığını sana anlattığında, onca acının içinden her seferinde tek başına çıkmaya alıştırdığında, seni seveceğini ve sevdiğini söyleyen insanlara rağmen yalnızca kendine yetebilmeyi öğrettiğinde, bu zamana kadar sevdiğin insanların sevgine değmediklerini gördüğünde ve sonunda artık sadece kendini sevmen gerektiğini anladığında kimseye ihtiyacın olmuyor. Bu evre çok güzel. Beklenti sıfır, kafa rahat.

**Kimseye ihtiyacım yok.**
**Her şeyi ben hallettim.**
**Artık beklentiye girmiyorum.**
**Böyle daha güzel hayat...**

**"Kimse senin dalgalarla nasıl boğuştuğuna bakmaz. Gemiyi limana getirip getirmediğine bakar."**

**Victor Hugo**

Kimse senin ne yaşadığını bilmez. Ne tür acılardan geçtiğini, tek başına nelerin üstesinden geldiğini bilmez ve inan bana bilse de önemsemez. Herkesin acısı ve yaşadığı kendisine derin.

Gülersin, mutlu zannederler; ama o gülüşün altında yatan acıları, enkazları ve kırgınlıkları asla görmezler. Bu yüzden kimseye hiçbir şeyi ispatlamaya ve anlatmaya çalışma, kimseye aldırma.

Hiç kimse için çırpınma. Kendini yıpratma. İnsanlar işlerine geldiği gibidir, takma. Menfaatleri kadar severler. Menfaatleri bittiğinde sevgileri biter ve giderler.

Sen gemini her defasında olduğu gibi yine fırtınalı, dalgalı denizlerden limana yanaştırırsın. "Yapamazsın," derler yaparsın. "İçinden çıkamazsın," dedikleri her durumun içinden alnının akıyla yine çıkarsın.

**Mevlâna'nın da dediği gibi:**
**"Cahille girme münakaşaya, ya sinirini zıplatır tavana ya da yazık olur adabına."**

## *Yasını mı Tutacaktım?*

Sen gittikten sonra yerle bir olmamı, hayatımı mahvetmemi, yasını tutmamı, acılar içinde boğulmamı falan bekliyordun herhalde? Asla. Ne bensizliği kendine yakıştırmış insanın gidişine üzülürüm ne de beni kaybetmeyi göze alanı kazanmak için savaşırım. Bahane dahi olamayacak şeyleri öne sürerek benden gideceksin, ben de gidişine üzüleceğim, arkandan seni özleyeceğim ve yerine kimseyi koymayacağım, öyle mi? Asla. Eskidenmiş onlar. Eskidenmiş o gitmeyi kafasına koymuşların kalması için uğraşmalarım. Yok artık öyle çabalamalar, uğraşmalar, kendimi yormalar. Kapandı o devir. Kim bana ne veriyorsa onu alıyor artık. Kimseye hak ettiğinden fazlası yok. Benim kalbim artık hissettirilmeyen sevgilere tok.

**Artık gidene üzülmüyorum.**
**Yerine daha iyisini koyuyorum.**

## Gururumdan Değil, Kendime Saygımdan Gidiyorum

Senden gidiyorum. Evet, senden gidiyorum. Bazen gitmek istemeyerek ve seve seve de gidebilirmiş insan. Bunu sende daha iyi anlıyorum.

Sensiz olmak istemediğimi söylüyordum, seni kaybetmekten korkuyordum ama ben senin bencilliğinle ve hissizliğinle savaşmak istemiyorum. Gururumdan değil, kendime olan saygımdan senden gidiyorum. Bana iyi geleceğini düşündüğüm için sana adım atmıştım fakat seni severek kendime eziyet ediyormuşum. Bunu şimdi daha net görüyorum. Ben, benim çabalarımla ayakta tutulan ilişkiyi, benim aramalarımla, benim merak etmelerimle sürdürülen samimiyeti ve hiçbir bağı hayatımda istemiyorum. Bu defa farklı, bu defa sana küsmüyorum.

Bir zamanlar seni kaybetmekten korkuyordum, şimdi seni kaybetmeyi de göze alabiliyorum.

Ben senden vazgeçiyorum. Açık olsun yolun.

**İnsan bazen gider.**
**Sevse bile.**
**Severek giden insan,**
**çok şey gizler kalbinde;**
**ama susar ve gider gizledikleriyle.**

## Uğraşamayacağım

Düşündüm de, ne gereksiz insanlar almışım hayatıma. Ne gereksiz insanlar için yormuşum kendimi. Sevmişim, değer vermişim, fedakârlık yapmışım, karşılığını büyük vefasızlıklarla almışım; ama şimdi çok net görüyorum ki yalnızca kendimi yıpratmışım. Şimdi şöyle bir bakıyorum da herkes birileriyle bir yerlerde mutlu.

Ben oturmuşum, zamanında yaptığım fedakârlıkların, verdiğim mücadelelerin hesabını yapıyorum. Bir süre sonra umurunda dahi olmayacağım insanların telaşına düşmüşüm. Kendimi yorup yıpratmışım. Değmiş mi? Asla. Artık kim gelmiş, kim gitmiş, kim sevmiş, kim sevmemiş umurumda bile değil. Kim nerede nasıl mutluysa öyle kalsın. Zamanında kopardığım fırtınalara hiçbiriniz kulak vermediniz. Artık sizde de fırtınalar kopsa bende yaprak kıpırdamaz. Kıpırdatmayacağım. Bende sizinle savaşacak güç var ama uğraşamayacağım.

**Geçmişe takılmayı bıraktım.**
**Artık sadece önüme bakacağım.**

## *Hep mi Beni Bulur?*

Aslında her şey hep seni bulmaz. Sen sadece her şeyin hep seni bulduğunu düşünürsün. Hayat yalnızca acıdan, dertten kederden ibaret değildir. Vardır insanın hayatında mutluluğun da uğradığı dönemler. Mesela bazı mutlulukların ömrü, bir kelebeğin ömrü kadar kısadır fakat yine de yaşamak istenir. Mutlu olduğumuzda bunun nedenini bir an olsun sorar mıyız? Hayır. Ama en ufak bir sorunda ya da acıda başlarız hemen isyan etmeye.

Şunu unutmamanda fayda var: Zor günlerinde gösterdiğin sabır, mutluyken ettiğin şükürden daha kıymetlidir. Verilene razı olmak kadar, senden alınana da razı olmak gerekir. İnsan işte, mutlu oluyor nedenini sorgulamıyor da, acı çekiyor, zor günler geçiriyor, "Neden ben?" diyor.

Gelin size Arthur Ashe'in hikâyesinden söz edeyim. Wimbledon'un ilk siyahi şampiyonu Arthur Ashe, kan naklinden kaptığı AIDS'ten dolayı ölüm döşeğindeydi. Dünyanın her köşesindeki hayranlarından mektuplar yağmaktaydı. Bunlardan biri şöyle soruyordu: "Tanrı böylesine kötü bir hastalık için neden seni seçti?" Arthur Ashe şöyle cevap verdi: "Tüm dünyada elli milyon çocuk tenis oynamaya başlar. Beş milyonu tenis oynamayı öğrenir. Beş yüz bini profesyonel tenisçi olur, elli bini yarışmalara girer, beş bini büyük turnuvalara erişir, ellisi Wimbledon'a kadar gelir, dördü yarı finale, ikisi finale kalır. Elimde şampiyonluk kupasını tutarken Tanrı'ya, 'Neden ben?' diye hiç sormadım. Şimdi sancı çekerken, ona nasıl, 'Niye ben?' derim?"

**"Mutluluk insanı tatlı yapar. Başarı ışıltılı.**
**Zorluklar güçlü. Hüzün insanı insan yapar.**
**Yenilgi mütevazı.**
**Tanrı'ya asla, 'Neden ben?' diye sormayın.**
**Ne olacaksa zaten olur..."**

**Arthur Ashe**

## Geçmişine Dön, Kendinden Özür Dile

Allah'a teşekkür et. Ya hâlâ unuttuğun insanları, atlattığın olayları unutamasaydın? Ya hiçbiri geçmeseydi? Ya hâlâ yüzüne kapanan kapıların önünde bekliyor olsaydın? Bir zamanlar değmeyecek insanlar için kendini yorduğun, hak etmeyen insanlara değer verdiğin, güvenmemen gereken insanlara güvendiğin ve sevmemen gereken insanları sevdiğin, olur olmadık şeyler yüzünden kendini üzüp yıprattığın, almadığın fakat sürekli veren taraf olduğun, bir şeyler olsun diye sürekli tek taraflı uğraştığın, "Birileri mutlu olsun da, ben mutsuz olsam da olur," dediğin için geçmişine dön ve kendinden özür dile. Dile ki aynı hatalara yeniden düşme. Düşme ki kendini bir daha üzme.

**En çok da kendini affetmelisin.**
**Çünkü bütün bu olanlara sen izin verdin.**

## İsyan Etme, Şükret

Bazı dönemlerde hayatından memnun olmazsın. Önüne gelen her şeyden şikâyet edersin. Hayata, o an içinde bulunduğun imkânlara isyan edersin. Bazen haftanın altı günü çalıştıktan sonra izin günün gelir çatar. Bir uyanmışsın hava yağmurlu, isyan edersin. Başkalarının hayatına aldığı insanlarla mutlu olduğunu görür, içerlenir, isyan edersin. Yemek yersin, tadını beğenmez isyan edersin. İsyan etmen için bahane dahi olamayacak şeylere isyan edersin.

İsyan etmeye o kadar çok alışırsın ki şükretmeyi unutur gidersin. Aslında en iyi terapidir şükretmek, bilmezsin. Tom Robbins şöyle der: "Hayat istediğini sunmaz, sunsa da uymaz. Ya zaman yanlıştır, ya mekân. Belki de insan." İstediğin şeyler sana gelmiyorsa bekleme. Sen onlara git. Önüne gelen her şeye isyan ederek bir yere varamazsın.

Sana bir gazeteci ve yüz iki yaşındaki adamın hikâyesinden bahsedeyim: Günün birinde bir gazeteci röportaj yapmak için yüz iki yaşındaki adamın evine gider. Eve girdiğinde yaşlı adama ilk olarak bu kadar uzun yaşamasının sırrını ve bu yaşta böyle sıhhatli, dinç ve neşeli olmasını neye borçlu olduğunu sorar. Beklediği cevap, "Hiç sigara içmedim, kendimi yormadım, yoğurt yedim, ayran içtim, sabahları spor yaptım," türündendir. Fakat yaşlı adam gazeteciye şu cevabı verir: "Evlat, Allah'ın bana lütfettiği her gün, erkenden yatağımdan kalkar ve halime şükrederek pencerenin önüne giderim. Bir-iki dakika dinlendikten sonra hava ister güneşli olsun ister yağmurlu, ister sıcak olsun ister soğuk. Kendime hep şunları söylerim: Bu, tam benim istediğim gibi muhteşem bir gün!"

Diyeceğim o ki hava güneşli, sen perdeleri kapatmış buğday tanesi kadar yer kaplamayan dertlerle kendini boğuyorsun. Aç perdeyi, çık bir pencerenin önüne. Kuş seslerine kulak ver. Güneşi teninde hisset; ama o karanlık odada kalma. Kendine bu haksızlığı yapma.

Hava yağmurlu olsa da perdeleri asla kapatma. Yine aç perdelerini, dans et yağmurla.

Ve şunu da mutlaka kendi kendine tekrarla: "Şikâyet ettiğim hayatım, belki de başkasının hayali... Özür dilerim Allah'ım..."

**Bak, ne diyor Arif Nihat Asya:**
**"Su içen kuşu her yudumda gagasını göklere kaldırarak Allah'a şükreder gördüm."**[3]

# Halim Yok

Eskiden olsa çabalardım. Birtakım şeyleri önemserdim. Kafaya takardım. Şimdilerde bırakın çabalamayı, hiçbir şey için kolumu kaldıracak halim yok. Bu evreye gelmemi sağlayan olayları ve insanları gözümde eskisi gibi büyütmüyorum. Sularım artık o kadar sığ ki bazen kendime bile fazla geliyorum. Charles Bukowski içinde bulunduğum ruh halini şöyle özetlemiş: "Şimdiki boş vermişliğim, bir zamanlar çok önemsemişliğimin sonucudur." Şimdilerde böyleysem, zamanında bir şeylerin üstüne çok düştüğümden...

Hak etmedikleri halde ederinden fazla sevdiğimden... Olmayacak dualara âmin deyişlerimden. Göze almama dahi değmeyecek şeyleri gözümde büyütmelerimden. O eski halimden eser kalmadı; çünkü kimse için, hiçbir şey için elimden bir şey yapmak gelmiyor. İnsan zamanında yaptığı fedakârlıkların karşılığını büyük enkazlarla aldığında bir daha yerinden kolay kolay kımıldayamıyor.

**Can Yücel'in o tatlı umursamazlığı var üzerimde: "Fazla kurcalamayın hayatı; vicdanınız temizse, yüreğiniz de güzelse, yaşayın gitsin işte."**

## Zamanı Var

İyi hissetmediğim zamanlarda yanımda olmasına ihtiyaç duyduğumu adı gibi bilen insanların bana sırt çevirdiği günleri asla unutmayacağım. Beni benimle bırakan, bana zor zamanımda elini uzatmayan ve gitmek için bahane arayan herkes aklımda. Ben, bana yapılanları unutmam. Kinim diri değildir ama bana yapılanları unutacak bir insan da olmadım hiçbir zaman. Bir gün mutlu olursam eğer, beni acıların ve yalnızlığın göbeğinde bırakıp giden, yanımda olmayan insanlara da ben elimi uzatmayacağım. Bu intikam almak değil. Onlar gibi davranmak. Bir gün aynısını da ben onlara yapacağım ve bir insanın ihtiyacı olduğunu bile bile yanında olmamak neymiş, bir bir anlatacağım. Zamanı var.

**Zamanımdan verip düzenimi bozduğum ve**
**her ihtiyacına koştuklarım,**
**söz konusu ben olunca**
**nasıl ortadan kayboldunuz ama?**

## Olmuyorsa Zorlama Canımın İçi

Olmuyorsa zorlamıyorum. Eskisi gibi değilim. Eskiden olmayacağını bilsem de bir miktar zorlardım bir şeyleri. Keşke dememek için olmayacağını bile bile yorardım kendimi. Olmayacağını bildiğim şeylerin yalnızca olmayacağını hissetmem yetmezdi. Sonuna kadar gitmem ve olmadığını kendi gözlerimle görmem gerekirdi. O evreye kadar da çabalamaktan asla vazgeçmezdim. Artık öyle değil. Olmayacağını anladığım noktada çabalamayı bırakıyorum. Tam da o noktada hiç kimsenin hiçbir şeye değmediğini ve hak etmediğini daha net görüyorum. Yorulmama değmeyecek olaylar ve insanlar için kendimi yormuyorum.

**Hak etmeyen insanlar için**
**çabalamayı bıraktığımdan beri yorulmuyorum.**
**Meğer ben hep kendimi yıpratıyormuşum.**
**Bunu şimdi daha iyi anlıyorum.**

## Kimse İçin Değişme, Sen Böyle Güzelsin

İnsanları değiştiremezsin. Oyun hamuru da değiller ki istediğin gibi şekil veresin. Ben, gerçek değerin ve sevginin, bir şeyleri veya bir insanı olduğu gibi kabullenmekten geçtiğini düşünüyorum. Düşünsene, bir insan hayatına giriyor. Seni kısıtlıyor, onu giyme, bunu giyme, oraya gitme, buraya gitme, şununla konuşma, bununla konuşma diyor. Sürekli kendi isteklerini sana dayatmaya çalışıyor. Bunun da gerçekten sevgi olduğunu düşünenler var. Değil arkadaşlar, değil. Bunun adı sevgi değil, bunun adı takıntı. Bunun adı bencillik. Karşılıklı güven ve saygı varsa sevgi güneşi en güzel oradan doğar. Seni değiştiren değil, seni olduğun gibi kabullenerek seven insanlar olsun hayatında. İnsanları kuşa benzetirim ben. Bir kuş düşün, gökyüzüne ait ve gökyüzüne âşık. Kanatları sağlamsa ve uçmayıp yanında kalabiliyorsa seni gerçekten seviyordur. Bu kadar basit... Kimseyi kıskançlığın yüzünden kafese kapatamazsın. Zaten bu kıskançlık değil, bencilliktir. Bunun adı da sevgi değildir.

**Ve aşk o kadar gariptir ki,**
**insanı mutluluğa boğacak olan da,**
**acıya boğacak olan da aynı kişidir.**

# Ben Seni Anneme Anlattım

Kadınların konu her ne olursa olsun, erkeklere göre olaylara biraz daha duygusal yaklaştığını hepimiz biliyoruz. Erkekler duygusuz demiyorum. Kadınların olaylara daha duygusal yaklaştığından bahsediyorum. Sözgelimi bir kadın seni annesine anlatıyorsa gerçekten seviyordur. Başka bir açıklaması olamaz. Bir kadın, sevdiği adamı annesine anlatacak kadar göze alabiliyorsa bir şeyleri, siz de o kadının gözünden düşmeyin. Böyle kadınları kaybetmeyin. Hiç şüphesiz ki duygusallık bu dünyanın en yorucu şeyi... Erkek olmama rağmen ben de duygusal bir insanım. Bana bir şey kattı ya da kazandırdı mı? Hayır. Aksine hep kaybettim. Duygusal yaklaştığım her şeyden, herkesten ağzımın payını bir güzel aldım. Sonuç? Yoğurdu üfleyerek yiyorum; ama yoğurt nasıl güzel. İnsanın kendi duyguları kendine bile öyle zarar veriyor ki bazen içinden çıkamaz hale geliyorsun.

Kadınlar dedik, daha duygusallar dedik. Duygusuz kadınlar da var elbet. Yaşadığı pişmanlıklar ve acılar yüzünden duygusuzluğu kalkan olarak kullanan kadınlar da var.

Özünde duygusal ama yaşadıkları yüzünden hayatında karşısına çıkan herkese kaktüs olan kadınlar var. Sevdiği adama kalbini bütünüyle açan ve sonrasında güzel acılar yaşayan kadınlar var. Bu kadınları üzmeyelim. Sonra çok acımasız oluyorlar. Bir kadının en güzel olduğu anlardan biri, sevdiği adamı annesine anlatırken gözlerinin içinin güldüğü andır, mahvetmeyelim.

**Her su uzatana çiçek açan kızlar yüzünden,**
**sizi annesine anlatacak kızları üzmeyin.**

# *Gereksiz İnsanları Sil Gitsin*

Hayatlarında yerin yok. Onlar için hiçbir anlam da ifade etmiyorsun. Önemin desen zaten yok. Hiçbir şey olmamış gibi hayatlarına devam ediyorlar. Sen üzülmüş müsün, ağlamış mısın, canını mı sıkmışsın umurlarında mı? Asla. Sen niye üç kuruş etmeyen, değerini bilmeyen insanlar için kendini üzesin ki? Onlar sensiz yapabiliyorsa sen de bal gibi onlarsız yapabilirsin. Onlar senin yerine başkasını koyuyorsa sen onların yerine daha iyisini koyabilirsin. Gereksiz insanlar için kendini üzmemelisin. Hiçbiri sen üzüldüğünde senden fazla üzülmüyor, bilmelisin. Onlarınki can da seninki ne? Yeteri kadar yorulmadın mı zaten? Gel otur şöyle artık. Bir soluklan. Kendine yeni bir sayfa açma. Kendine yeni bir defter al. İlk sayfasına da, "Bundan sonra kimseyi kendimden daha çok önemsemeyeceğim," yaz. Unutma, bazıları bunu hak ediyor ve sen onlara hak ettiğini verebilirsin. Gereksiz insanları sil gitsin canımın içi. Hadi sil gözyaşlarını. Sen gülerken daha güzelsin.

**Sen, olmuyorsa da çabaladın bir miktar.**
**Bu da senin vicdanına yetsin.**

**Bak ne diyor Hz. Ali:**
**"Sabır, boyun eğmek değil,**
**mücadele etmektir."**

Üzüleceksin. Hatta çok üzüleceksin. Seveceksin, çok seveceksin ama sevilmeyeceksin.

Değer vereceksin, değersiz hissedeceksin. Güveneceksin, pişman edileceksin. Başkalarını mutlu edeceksin, kendin gözyaşı dökeceksin. Belki terk edileceksin. Gün gelecek dost kazığı yiyeceksin. Bir gün sevgilin gidecek, arkadaşların seni anlamayacak. Ailen seni yoracak. Bir çıkmaza gireceksin. İçini birine dökmek isteyeceksin ama etrafında kimseyi göremeyeceksin. Her şeyin üst üste geldiği bir döneme gireceksin. Bazı gerçekler yüzüne bir yumruk gibi inecek, yere düşeceksin; ama sen düştüğün gibi ayağa kalkmayı da bileceksin. Merak etme, sen diğerlerini yendiğin gibi bunları da yeneceksin. "Sabretmek, mücadele etmektir," diyor Hz. Ali. Bunca acıya ve sıkıntıya sabredeceksin. Belki boyun eğdiğini düşünecekler ama sen mücadele edeceksin. Pes etmeyeceksin. Pes etmiş bir insan kaybetmiştir, sen kaybetmeyeceksin. Mücadele etmekten vazgeçmeyeceksin. Vazgeçersen hak etmeyenler kazanacak. Sen buna izin vermeyeceksin.

**Ünlü boksör Muhammed Ali'nin şöyle bir sözü var:**
**"Bir boksör yere düştüğü zaman değil,**
**ayağa kalkmadığı zaman kaybeder."**

**"Umudunu yitirme;**
**şu hayatta bir şeyin bitişi,**
**her zaman başka bir şeyin**
**başlamasına sebep olmuştur."**
**Love Happens[4]**

Benden gittiğini ve vazgeçtiğini ballandıra ballandıra insanlara anlatacağını başta söyleseydin hiç çıkmazdım karşına. Girmezdim hayatına. O kadar değer vermezdim sana. Kimseye kolay kolay sunmadığım sevgimi ve kalbimi, bütünüyle getirip koymazdım ortaya. Bakıyorum da benden sonra kuş gibi hafiflemiş imajı veriyorsun insanlara. Gören de seni yanımda zorla tuttuğumu sanacak. Hayatıma kendi iradenle, olmayan kalbini varmış gibi göstererek yalan duygularınla kendin girdin. Çıktıktan sonra da böyle hareketlere gerek yok bence. Beni sevdiğini söylemiştin; adım gibi biliyordum, beni sevmedin ama ben seni ikimizin yerine de sevmiştim. Şunu hiçbir zaman bilmedin: Bendeki bu sevgiyle senin kalpsizliğini ve beni sevmediğin gerçeğini bastırdım. Sen insanlara, "Kendime yeni bir sayfa açtım," demeye devam et. Ben Şebnem Ferah'ın, "Sil baştan başlamak gerek bazen. Hayatı sıfırlamak..."[5] dediği yerden hayatımı sıfırlayıp sensiz bir hayata başladım.

**Ne güzel söylemiş Marilyn Monroe:**
**"Ve bazen iyi şeyler biter ki**
**daha iyileri başlayabilsin."**

# Güzel Sevene Düşesin

Su akar yolunu bulur misali, iki insan birbirini gerçekten severse aşk da yolunu su gibi bulur. Fikir ayrılıkları da olsa, düşünce yapıları farklı da olsa sevginin gücünün hiçbir şey karşısında ezileceğini ve yenileceğini düşünmüyorum. İnsanların sevmek işlerine gelmediğinde genelde bu cümleye sığınırlar: "Biz ayrı dünyaların insanlarıyız." Bu cümleyi de saçma bulmuşumdur her zaman. "Biz seninle bir kitabın en duygu yüklü sayfasıyız", "Bir şarkının en güzel nakaratıyız," diye sevmezler. Gülün kokusunu ciğerlerine kadar çekerler ama söz konusu dikeni olunca işlerine gelmez, bahane üretirler.

Belki klasik bir tabir olacak ama bir o kadar anlamlıdır: "Gülü seven dikenine katlanır." Güle seviyorum deyip dikenini gördüğünde geri adım atıyorsan bu sevmek değildir. Hevestir. İnsan iki günlük heves için seviyorum dememelidir. Gülü koklayıp, dikeninin batacağı ve canının yanacağı korkusuyla sevmeyeceksin bir insanı. Kokladığın gülün dikeni canını acıtıyorsa acısını da seveceksin. Hep güzelliğiyle sevmeyin. Güzel de sevin. Hep artılarını değil, kusurlarını da sevin. Hep fazlasını sevmeyin. Eksiğiyle de sevebilin.

**"Herkes fazlasıyla sevmiş, ben eksikleriyle de sevdim oysa..." diyen Özdemir Asaf, seni o kadar iyi anlıyorum ki...**

## "Ya Siyah Ol ya Beyaz. Griye Tahammülüm Yok Benim."

Hayatımda olmayıp sanki hayatımdaymışsın gibi davranmamı isteme benden. Ya siyah ol ya da beyaz. Gri olmaya çalışma. Rengin belli olsun. Seviyorsan hissettir ve yaşat. Bana açık bir kapı bırakıp, beni gereksiz yere umutlandırıp başkalarıyla gününü gün etme. Sevmiyorsan adımı diline dahi değdirme. Değdirme ki kulaklarım dahi çınlamasın. Ben de hayatıma bakayım. Sensiz geçecek olsa da sonuçta benim de bir hayatım var. Bir düzenim var. Bozmaya çalışma. Eminim ki sizin de vardır hayatınızın bir köşesinde ya da geçmişinizde bu tip insanlar. Sizi sevmezler ama kendilerini sevmenizi isterler. Hayatınızda bir an olsun yer almayıp öyle davranmanızı beklerler. Aynı zamanda da başkalarıyla günlerini gün ederler. Ummadığınız anda kendilerini öylesine bir gösterip sonra yine ortadan kaybolup sizi boş yere umutlandırırlar. İhtiyacınız olduğunu bile bile yanınızda olmazlar. Söz konusu başkaları olduğunda hemen yanlarına ışınlanırlar; ama iş bizde bitiyor arkadaşlar.

Biz istersek var bunlar, istemezsek yoklar.

**Şüpheye düşürmeyen ve bana acaba dedirtmeyen insanların bende her zaman kredisi var.**

**"İnsanları affedecek kadar olgunum ama onlara tekrar güvenecek kadar aptal değilim." William Golding**

Geçmişim; güvendiğime, sevdiğime ve değer verdiğime pişman olduğum insanlarla dolu. Yanlış insanlara güvendim, hayal kırıklığına uğradım. Vermemem gereken insanlara değer verdim, değersiz oldum. Yanlış insanları sevdim, hiçbir zaman sevilmedim. Bilemiyorsunuz arkadaşlar. Başta kimin ne olduğunu bilemiyorsunuz. En başında öyle geliyorlar ki inanmamak elde değil. Süslü püslü cümleler, içi boş ve tutulamayacak sözler, verilen umutlar... Anlayacağınız, hepsine inanıyoruz. Özellikle duygusalsanız bunu da çok iyi kullanıyorlar. Canın yandığında çok sonradan anlıyorsun sevmemen gereken insanı sevdiğini. Uğradığın hayal kırıklığı canına batınca anlıyorsun güvenmemen gereken bir insana güvendiğini; ama iş işten geçmiş oluyor. Bu yüzden benim de affetmeyeceğim insanların sayısı oldukça fazla. Ben de, "Allah'ım bu kulların benim canımı çok yaktı, beni yaptığım bütün iyilikler için pişman ettiler. Onları ben affettim ama sen affetme," diye sitem etmiştim bir gün. Sonradan düşündüm de zaten bu dünyada yeteri kadar uğraşıp vaktini kaybettin bu insanlar için be Miraç... Bırak yüzlerini görmeyi, isimlerini duymaya tahammülün olmadığı insanlarla bir de öbür tarafta mı uğraşacaksın? Affet, Allah'ım affet. Ben affettim, sen de affet.

Hakkımı da helal ediyorum, sen yeter ki onları affet.

**Bana yapılanları affettiğim için herkes beni aptal sandı.
Ama bilmiyorlardı ki
affetmek onlardan aldığım en güzel intikamdı.**

**İnsanlar hakkında hüküm vermeden önce,**
**Peygamber Efendimiz'in (S.A.V.),**
**"Kalbini yarıp baktın mı?"**
**hadisini unutmayınız.**
**Hatırlatınız, hatırlattırınız.**

Zaten Peygamberimizin (S.A.V.) söylediği hangi söz ya da hangi hadis bu çağa aykırı? O kadar haklı ki cümlenin güzelliğinde boğuluyor insan: "Kalbini yarıp baktın mı?" Böylesine güzel bir peygambere sahip olduğumuz için o kadar şanslıyız ki...

Karakteri "çamur at izi kalsın" düşüncesiyle sarılmış insanları o düşünceden ayıramazsınız. Hiçbirinin ağzı torba değil ki büzesiniz. Bu insanlar konuşmayı çok sever. Hele ki önyargılarıyla hareket etmeye bayılırlar. Anlamaya çalışmazlar ve her şeyi görmek istedikleri gibi görürler. Şunu da söylemeden geçmek istemiyorum: Bu tip insanları değiştirmek için verdiğiniz tüm çaba sizi yormaktan başka işe de yaramaz. Ayrıca kabul edilir yanları da yok, orası ayrı bir mesele. Sizi olmadığınız biri gibi düşünmek isteyen, aslını bildiği olayları kendi görmek istediği gibi gören, yalnızca inanmak istedikleri şeylerden şaşmayan insanlara neyi anlatacaksın? Bir de boş yere nefesini mi yoracaksın? Çözüm basit. Böylelerini hayatından çıkarıp kendinden uzak tutacaksın.

**Seni görmezden gelene kör,**
**duymazdan gelene sağır,**
**sevmeyene kalpsiz ol.**
**Böyle daha güzel. Anlayacaksın.**

## Öyle ya da Böyle, Herkes Gider Çıkarı Bitince

"Gitmem," diyenler değil miydi zaten ilk gidenler? "Seni en güzel ben severim," diyenler değil miydi bizi sevmeyenler? Gider canımın içi, gider. Herkes gider. Ya sevgisi biter ya da menfaati biter, gider. En çok da, "Gitmem," diyenden korkacaksın; çünkü en çok, "Gitmem," diyenler gider. Kimi eceli gelir gider, kimi başkasını bulur gider. Sonuç olarak herkes bir şekilde gider ve sen öylece kalırsın. Dost acı söyler.

Öyle yalana dolana gerek yok. İlk önce şu soruyu bir sor kendine: "Gitmem diyen kim kaldı benimle?" Sonra cevaplayabilirsen cevapla. "Gitmem," diyenlerin gidişine, "Severim," diyenlerin sevmeyişine şahit olmadık mı her defasında? İhtimallere de yer var bu hayatta. Büyük bir bölümü ihtimal olarak gördüklerimize dayalı hatta... ama bazı evrensel gerçekler vardır. Herkesin bir gün gideceği gibi... En büyük yanlışı biz yapıyoruz, uyandırayım sizi.

Hayatımıza birini aldığımızda ona öyle bir bağlanıyor, onu öyle bir seviyoruz ki... Böyle hiçbir zaman gitmeyecekmiş gibi alışıyor, öyle seviyoruz. Hatta çoğu zaman, "Bundan sonra o olmadan nasıl yaşarım?" diyecek kadar sevebiliyoruz; ama bir gün geliyor ve o gidiyor. Sonra biz de öylece ortada kalıyoruz. Kimseyi gitmeyecekmiş gibi sevmeyin.

Aksine bir gün gidecekmiş gibi sevin. Gidecekmiş gibi sevin ki gittiğinde daha fazla acı çekmeyin.

Sevmeyin demiyorum bakın, yine sevin. Gitmeyecekmiş gibi değil, gittiğinde yıkılmayacak gibi sevin.

**Gitmem diyenlere inanma.**
**Hele senden gitmek isteyen insanların**
**kalması için hiç uğraşma.**
**Kendini yorma. Onlara söyleyeceğin tek şey:**
**"Kapı orada."**

**"Tırtılın 'yolun sonu' dediğine**
**Allah 'kelebek' demiş.**
**Hiçbirimiz bizi bekleyen güzellikleri bilemeyiz."**

Değişim olağan ve kaçınılmazdır. Bazılarımız içinde bulunduğumuz şartları, dönüşümü ve bir şeylerin değişeceğini hiçbir zaman kabul etmez. Hayatı yalnızca gördüğü kadar yaşamaya çalışır. Ne kendini ne de dağın görünmeyen kısmını keşfetmeye çalışır. Aslında hayat görünenden fazlasıdır ve insan zannedilenden daha güçlüdür. Kendimizi yalnızca görmek istediğimize öyle odaklarız ki yanı başımızdan akıp giden mucizeleri, güzellikleri göremeyiz. Enerjimizi değişime karşı direnmek yerine, kendimizi ve hayatı keşfetmek için kullansak bir şeylerin daha farklı olacağını göreceğiz aslında. Yapmamız gereken tek şey, geçmişi artık salmalıyız. Rahat bırakmalıyız. Önümüze bakmalıyız. Ve en önemlisi, olmak isteyip olamadığımız o kişi olduğumuzu düşünmemeliyiz.

Size bununla ilgili bir hikâye anlatmak istiyorum. Bilenleriniz bilir kelebek ile tırtılın hikâyesini. Bu hikâye değişimden ve değişimi kabul etmemekten; yani kelebek olmasına rağmen kendini kelebek olduğuna inandırmak istemeyen bir direnişten bahsediyor.

Günlerden bir gün küçük bir tırtıl dünyaya gelir. Birtakım zorluklarla bir yerden bir yere sürünerek gider. Bu tırtılımız, tırtıl halinden de memnun olduğu bir gününde sürünmekten yorulduğunda ve bunaldığında bir ağaca tırmanmaya karar verir. Yalnız tırmanacağı ağaç öyle sıradan ve basit bir ağaç değildir. Büyük, kocaman bir gövdeye sahip ve büyük, canlı yaprakları olan bu ağaca tırmanmaya başlar. Aynı zamanda bu ağaç, yıllarca altında oynadığı ve dinlendiği ağaçtır.

Tırtıl ağaca tırmanır ama daha sonra kayıp yere düşer ve gitmek istediği yere gidemez; fakat pes etmez ve çalışmaya devam eder. Yavaş yavaş sürünerek en sonunda tırmanmayı başarır. Daha sonra tüm vadiyi görebileceği bir dalın üzerine gelir. Buradan baktığında manzara gerçekten muazzamdır. Hayvanları, pamuk gibi bulutların gökyüzündeki dansını, maviyle dans eden harika denizi görür. Huzur içinde derin bir nefes alır. Bulunduğu yerden etrafındakileri gözlemlemeye başlar. Hayatın kendisiyle değişime uğramayacak kadar güzel olduğunu düşünen tırtıl çok yorulmuştur. Her ne kadar hayatından memnun olsa da, başka bir şeylerin olma zamanının geldiğini içten içte hissetmeye başlar.

Tırtıl bir an yorulduğunu fark eder ve hayattaki kaderinin basit, sürüngen bir tırtıldan daha fazlası olduğunu düşünerek etrafında bir koza örer ve derin bir uykuya dalar. Orada başka bir canlının oluşması için yeterince uzun süre koruma sağlayabilecek bir kabuktur bu. Gözlerini açtığında, hareket etmesine izin vermeyen ağır bir kabuğun içine sıkıştığını fark eder. Sırtında garip bir şeylerin olduğunu hisseder. Çaba sarf ederek mavi kanatlara benzeyen şeyleri hareket ettirir ve ördüğü koza kabuğu kırılır.

Tırtıl artık bir tırtıl değil, harika bir mavi kelebek olmuştur; fakat bir sorun vardır. Bizim tırtıl, şu ana kadar hayatını tırtıl olarak yaşadığı için artık tırtıl olmadığının farkına varamamıştır. Öyle garip hisseder ki mavi kelebek, kanatları olmasına rağmen, küçük bacaklarını kullanıp ağaca sürünerek gider. Büyük mavi kanatlarının ağırlığı altında ezildiğini hisseder. Bu, gücünü tüketen bir ağırlıktır onun için. Mavi kelebek her zaman yaptığı gibi bacaklarını kullanarak hareket eder. Bir tırtıl olduğuna inandığı için tırtılmış gibi yaşamaya devam eder.

**"Neye direnç gösterirseniz varlığını sürdürür."**
**Carl G. Jung**

Kelebeğe dönüşen tırtılın bu değişime karşı gösterdiği direnç sebebiyle, içinde bulunduğu psikolojiyi, zorluğu ve kendisini olmayan biriymiş gibi hissetmesini sürdürür; fakat kanatları daha önceki çevikliğiyle hareket etmesine bir türlü izin vermez.

**"Tırtılın 'son' dediği şeye, dünyanın geri kalanı 'kelebek' der."**
**Lao Tzu**

Hâlâ bir tırtıl olduğuna inanan ve yaşamına tırtıl gibi devam eden kelebek, hayatının neden bu kadar zorlaştığını bir türlü anlamaz. Kanatlarının ağırlığını taşımaktan hem yorulmuş hem de bıkmıştır. Değişime uğradığı dala tekrar geri dönmeye karar verir. Bu defa ağaca tırmanmaya çalışmak ve ilerlemek imkânsız denilecek kadar zordur onun için. Bir rüzgâr, beklenmedik bir şey onu bir şekilde geri iter. Hâlâ tırtıl olduğunu düşünen kelebek durup çok uzakta gibi görünen o dala bakar. Sonra umutsuzca ağlamaya başlar... O esnada onun ağlamasına şahit olan güzel, beyaz bir kelebek yanına yaklaşır. Beyaz kelebek oturur ve bir süre hiçbir şey söylemeden mavi kelebeğe bakar. Mavi kelebeğin ağlaması geçince beyaz kelebek şöyle der:

"Ne oldu?"

"O dala tırmanamadım. Önceden zor olmasına rağmen yapabiliyordum."

"O dala tırmanamasan da belki uçabilirsin."

Fakat bizim mavi kelebek hâlâ tırtıl olduğunu düşündüğü için beyaz kelebeğin söylediklerini garipser. Sonra kendine, büyük ve ağır kanatlarına bakar. Kabuğundan çıktığı gün olduğu gibi, onları sertçe hareket ettirip açar. Kanatları çok büyüktür ve bir o kadar da güzeldir. Mavi o kadar yoğundur ki tırtıl bir anda kanatlarından korkar. Onları tekrar hızlıca kapatır.

Beyaz kelebek oturduğu yerden kalkar ve bir an mavi kelebeğe, "Kanatlarını kullanmadığın için bacaklarını çok yıpratmışsın ne yazık ki," der. Kendi kanatlarını açıp zarifçe uçar. Mavi kelebek, beyaz kelebeğin her hareketini şaşkın bakışlarla izler ve beyaz kelebeğin söyledikleri üzerine iyice düşünür. O anda artık bir tırtıl olmadığını, belki de bu ağır kanatların kendisine faydalı olabileceğini anlamaya başlar.

Mavi kelebek kanatlarını tekrar açar ve bu kez onları açık tutar. Gözlerini kapatır ve onları okşayan rüzgârı hisseder. Bu kanatların artık kendisinin bir parçası olduğunu kavrar. Artık bir tırtıl olmadığını ve hayatını sürünerek devam ettiremeyeceğini anlar. Tekniğinin mükemmel olmamasına rağmen uçmanın, bacaklarını yerde sürüklemekten daha kolay olduğunu fark eder. Uçma korkusunun gerçekte kim olduğunu kabul etmesine izin vermediğini, aslında tırtıl halinden mavi kelebeğe dönüştüğünü keşfeder. Bu dönüşüm hikâyesinin kahramanı büyük, güzel ve mavi kanatlara sahiptir artık. En açık gökyüzü renginden, en derin suların mavisine kadar birçok farklı tondaki maviye sahip kanatları vardır.

**Ne güzel söylemiş Bilal Civelek:**
**"Kelebeğin uçuşuna gıpta edenler,**
**kozadaki çilesini görmezden gelir.**
**Kelebeği güzellikle taçlandıran çektiği çiledir."**

Bu hikâyeden almamız gereken ders, değişimi kabullenmemiz gerektiğidir. Geçmişimize takılı kalmamalıyız. Devamlı değişen, gelişen, kendini yenileyen dinamik bir dünyada yaşıyoruz. Hayatta çoğu zaman değişim kapımızı çalar. Biz kendimizi değişime ayak uyduracak kadar güçlü hissetsek de bunu kabul etmez, kapıyı açmayız; çünkü değişmekten ve eskisi gibi olamamaktan korkarız. Bu korku yersiz ve gereksizdir. Size bu konuyla alakalı Eroy Moreno'nun şu cümlesini hatırlatmak isterim:

**"Hayat seni ayaklarını hissedemeyecek kadar yoracak,**
**pes etme. Vazgeçme. Kanatlarını aç ve uç. Korkma."**

## *Kendine Hoş Geldin*

İnsanın onca şeyi yaşadıktan sonra sığındığı, geldiği ve bu noktadan sonra kolay kolay kimseye gitmediği, gidemediği bir yer var: kendisi... Bunca zaman doğru insanı, gerçek sevgiyi aradın. Karşına çıkan herkesi kendin gibi sandın. Öyle güzel oynadılar ki inandın. "Bu farklı," gözüyle baktığın her insanda yanıldın. İnsanın vicdanının rahat olması bu hayatta öyle güzel bir haz ki... Bu hazzı sen de yaşadın.

Çünkü sen üzerine düşeni yaptın ve rahat vicdanın. Bir yerden sonra baktın ki yürüdüğün yol bir yere çıkmıyor, yaptığın fedakârlıkların karşılığı sana vefasızlık olarak veriliyor, verdiğin değerin kıymeti bilinmiyor, sunduğun sevgi çöp oluyor, ortaya koyduğun kalp kırılıyor, kendine sığındın.

Gel otur şöyle, dinlen biraz. Kendini değmeyecek olaylar ve insanlar için çok yıprattın. Yeteri kadar yoruldun, artık ne istediğini ve ne hissettiğini bilmeyen insanlar için uğraşmayacaksın. Bunca zaman her şeyde kalbini bütünüyle ortaya koyduğun için kaybettin ama kendini kazandın. Artık yalnızca kendin için uğraşacaksın.

**Dinlenme vakti.**
**Kendini keşfetme vakti.**
**Kendine hoş geldin, iyi ki geldin.**

**"Sevdiklerinize gül verin.**
**Gülünüz yoksa gülüverin."**
**Mevlâna**

Hayat zaman zaman sıkıntılı ve bir o kadar da stresli olabiliyor. İnsan bu gibi zamanlarda yalnız kalacak ve kendini bıraktığında pozitifliğinde huzuru hissedecek bir yerlere kaçmak istiyor. İş hayatı, aşk hayatı, aile ve arkadaşlar bazen iyi geldiği gibi insanı sıkabiliyor da. Yalnızca sevdiğin için kimsenin negatifliğine katlanmak ve sana yapılan şeyleri görmezden gelmek zorunda değilsin. Kendini vazgeçilmez zanneden herkesten vazgeçmeli, iyi niyetini suiistimal eden kim varsa hayatından göndermelisin. Kimsenin, "Nasıl olsa beni seviyor," rahatlığına kapılmasına, sonucunu bir an olsun düşünmeden her istediğini yapmasına izin vermemelisin. Sana kötü enerji verdiği yetmiyormuş gibi bir de senin enerjini tüketen insanları hayatında tutma. Telefonunu düşünelim. Bazı uygulamalar vardır, şarj yemekten başka hiçbir işe yaramaz. Sana hiçbir faydası yoktur ama bir zamanlar telefonuna indirmiş ve silmemişsindir. İşte, bazı insanlar telefonundaki hiçbir faydası olmayan, faydası olmadığı yetmiyormuş gibi bir de zararı olan, enerjini yiyen uygulamalara benzer. Şarjımızı yememesi için bu uygulamaları telefonumuzdan, hayat enerjimizi düşürmemesi için bu insanları hayatımızdan silmemiz gerekir.

**Bakın Thomas Stearns Eliot bu durumu ne güzel özetlemiş:**
**"Negatif insanlara maruz kalmak,**
**radyasyona maruz kalmak gibidir.**
**Kısa süreli düşük dozlara dayanabilirsiniz**
**fakat sürekli maruz kalmak sizi öldürür."**

## Bu Hayat Senin

**Bir Sabahattin Ali öğüdü:**
**"Ne derlerse desinler,**
**biz kalbimizin ve kafamızın doğru bulduğu şeyleri,**
**etrafın ne dediğine bakmadan yapmalıyız."[6]**

Eleştirecekler, yanlış anlayacaklar, arkandan konuşacaklar ama onların düşüncesi senin sorunun olmayacak. Hiçbirinin görüşü, önyargısı seni yıkamayacak. Her şeye rağmen ve herkese inat, ayakta kalacaksın. Kendi hayatını doyasıya yaşayacaksın.

Şunu unutma: Hakkında söylenenler, senin değerinden ve seni sen yapan şeylerden bir şey eksiltmez. Hiçbir şeyi de değiştirmez. Onlar konuşur, bu da senin ışığını daha çok parlatır. Hayatını o ne der, bu ne der, diye yaşama. Kimseden çekinme. İnsanlar bir şey yaparken ya da bir karar alırken gelip sana soruyor mu? Danışıyor mu? Hayır. Sen de sorma ve danışma. Hata mı yapacaksın, yap. Konuşurlar diye de korkma, onlar sen hiçbir şey yapmasan da konuşacak. Bu hayat senin...

Yol uzun. Bu yolu kendine onlar konuşacak diye zehir etme. Başkasının yolundan gitmek, kendi yolunu kaybetmektir. Yolunu kaybetme. Şimdi o ne der, bu ne der, diye korkma ve o yolu yürü. Ayağına taş değmesin. Kalbi güzel insanlara rast gelesin.

**Bernard Shaw'ın şu cümlesine kulak vermelisin:**
**"Nasılsa inanmak istediklerine inanacaklar.**
**O yüzden kendin ol."**

# Beklentisi Çok Olanın Acısı da Çok Olur

Artık her şeyden, herkesten beklentiyi kestiğimde eskisi gibi üzülmediğimi fark ettim. Önceden her şeye bir anlam yükler, kalın kafalı insanlar için her konuda ince düşünüp kendimi üzerdim. Ama artık eski ben yok çünkü onu sildim. Ben bu hayata arkasına bile bakmadan giden insanların peşinden koşmaya, vefa bilmeyen insanlara fedakârlık yapmaya gelmedim. Beklentilerin insanı üzmekten, yormaktan ve yıpratmaktan başka bir şeye yaramadığını gördüğümde, bundan sonra hiçbir şeye karşı beklenti içine girmemeye karar verdim. Sözde samimiyetiniz, davranışa yansımayan sevginiz, sözde iyi insan rolleriniz sizin olsun. Bana dokunmayın, ben kendimle iyiyim. Ve sonra aklıma Shakespeare'in şu düşüncesini getirdim:

"Ben hep mutluyum biliyor musun? Çünkü hiç kimseden bir şey beklemiyorum. Beklenti her zaman zarar verir. Hayat kısa; bu yüzden hayatını sev ve mutlu ol. Gülümsemeyi sakın bırakma. Kendin için yaşa ve konuşmadan önce dinle. Yazmadan önce düşün, harcamadan önce kazan. Dua etmeden önce inan, vazgeçmeden önce dene. Nefret etmeden önce sev, ölmeden önce yaşa."

**Robin Sharma'nın da dediği gibi:**
**"İnsan, beklentisi kadar mutludur.**
**Formül: sıfır beklenti, sonsuz mutluluk..."**

## Ahını Aldığın İnsanın Kapısına Vah ile Dönemezsin

Sen sanıyorsun ki ben her şeyini sineye çekerim. Sanıyorsun ki beni inciten her davranışını unutur ve her zamanki gibi yüzüne gülümserim. Öyle ya, sana hak ettiğinden fazla değer veren ben, sanıyorsun ki seni yine affederim. İlgisiz tavırlarınla, beni acıtan yalanlarınla ve kendini vazgeçilmez sandığın hallerinle, kendinden başkasını düşünmeyerek yaptığın haksızlıklarınla bizi nasıl bitirdin bilemezsin. Geride yaşlı gözler ve kırık bir kalp bıraktıysan eğer ne bir daha gülebilir ne de sevilirsin. Bir gün pişman olur da dönersen geri, şunu sakın unutma:

Ahını aldığın insanın kapısına vah ile dönemezsin...

**"Ahın bulamayacağı adres yoktur."**

**Mesafeler sevmeye engel değil.**
**İnsan eğer kalpten seviyorsa,**
**ona giden yolların taşını bile sever.**

İnsanın kalbindeki uzaklık kadar uzak mesafe tanımıyorum, görmedim, bilmiyorum. Mesafe dedikleri, insanın kendi kalbidir. Bunu çok iyi biliyorum. Şimdi size yaşadığım bir olayı anlatmak istiyorum.

İki-üç yıl önce bir kadınla tanıştım. Konuşmaya başladık ama kendisi de biliyordu ki konuşmamızın devam etmesini bana borçluyduk; çünkü her zaman onun kestirip atmaya çalıştığı yerden ben bağlıyordum bizi. Olmayan bizi. Olmasını istediğim ama bir türlü olamayan bizi. Kendisi pek duygusal bir insan değildi. Bana ilk başta, "Duygusalım," demişti oysa alakası bile yoktu. Ben ne zaman ona adım atsam o elinde bir çuvaldız hazır halde bana batırmak için bekliyordu. Çuvaldızını bana batırdığı zaman hissettiğim acıya da alışmıştım. O kadar benimsemiştim onu. Aramızda bir-iki yaş vardı ama bu birbirimizi sevmeyeceğimiz, anlayamayacağımız anlamına da gelmiyordu; çünkü yaş yalnızca bir sayıydı, hiçbir zaman yaşanmışlıkların ve yaşanacakların önüne geçemezdi. Sudan çıkan bir balık tekrar ait olduğu suya dönmek için nasıl çırpınırsa ben de onun bir şeyleri fark etmesi için çırpındım. Ne yaparsam yapayım, ona mesafelerin sevmemize, birbirimize ait olmamıza ve birbirimizi yaşamamıza engel olmadığını ve asla da olamayacağını anlatamadım. Sınırları sonuna kadar zorladım. Olması için çok uğraştım ama olmadı. Kafasına, "Mesafeler her şeye engeldir," düşüncesini yerleştirmişti ve ben bu düşünceyi hiçbir zaman kafasından çıkaramadım. Başaramadım. Şimdi diyeceksiniz ki yanına niye gitmedin? Yapmadım mı, gitmedim mi sanıyorsunuz? Gittim. Belki beni sever diye bütün biletlerimi ona gitmek için aldım... O zamanlar ben İstanbul'da yaşıyordum, o da Antalya'da. Onun için Antalya'ya gittim. Onu görmeye. Bir kez de olsa ona sarılmaya. Kokusunu ciğerlerime gömmeye. Sesini kulaklarıma hapsetmeye.

Sanki böylesi beni çok mutlu edecekmiş gibi beni üzmek istemediğini söyledi ve benimle görüşmeyi kesti. Beni hiçbir zaman sevmeyecek olsa bile, yalnızca onu görmeye geldiğim halde yanıma bile uğramayan bir insanın peşinden gittiğim için kendime kızmıştım.

Ellerini tutarım umuduyla geldiğim şehirden ellerim boş geri döndüm. Ne elleri değdi ellerime ne yüreği değdi yüreğime. Değmedi gelmeme de ama gelmem gerekirdi. Bir şeyleri istediğimi sadece oturduğum yerden söylemem yetmezdi. Kalbim, bir türlü annesinden dayak yediği halde yine de anne diye ağlayan çocuğun alışkanlığından vazgeçmedi. Neyse, başlamadan bittik. Konuşmayı da kestik. Hiç tanışmamışız gibi devam ettik hayatımıza. Sonra ben İstanbul'dan ayrılıp tekrar Antalya'ya yerleştim. Yerleşeli iki seneyi geçti. Ne aradım ne de bir mesaj attım; çünkü uzağındayken benimle ilgilenmeyen, beni görmezden gelen insanın, yakınındayken bana değer vermesi ve benimle ilgilenmesinin hiçbir önemi yoktu. Bu yüzden hiçbir zaman aramadım. Normal bir şekilde hayatıma devam ederken yolumuz yine kesişti. Buluşup konuşma kararı aldık. İşten çıkıp bir kafeye geçmiş, beni bekliyordu. Yanına giderken kalbimin ritminde en ufak bir değişim yoktu. Gözkapaklarım her zamanki gibi aynı zamanda açılıp kapanıyor, ellerim terlemiyor, vücudumda adrenaline dair hiçbir şey hissetmiyordum. Hissiz, kırgın ve ona karşı bomboş gittim yanına.

İstanbul'dan onun yanına geldiğimde yaşadığım heyecanın zerresini yaşamadım. Kırgındım da biraz fakat bunun hiçbir önemi yoktu. Neyse. Onu uzaktan gördüğümde içimde hiçbir şey hissetmedim. Farklı olmasını isterdim ama olmadı. Nedendir bilmem o an sanki içinde ayrılık olan tüm şarkılar kulaklarımda çalıyor ama bende hiçbir duygu uyandırmıyordu. Oturdum masasına. Pişmanlık hissine kapılmış gibiydi ve bana uzun uzun baktı. Garson masaya gelip ne içeceğimizi sordu. Kendime sade bir kahve söyledim. O bir şey almadı çünkü beni beklerken kahvesini içtiğini söyledi. Aslında çok da uzun sürmemişti yanına gelmem. Kahve için de bekleyebilirdi. O an içimden kendi kendime dedim ki, Kahvesini yudumlamak için bile seni beklemiyor. Sen bu insandan sevgi mi bekliyorsun? Şimdi diyeceksiniz ki, alt tarafı bir kahve. Seni beklerken içmiş olamaz mı kızcağız. Fakat benim için önemli şeylerdi bunlar. Mesela biriyle görüşecek olsam görüşeceğim kişi gelmeden ne bir şey yer ne de bir şey içerim; çünkü yanımdaki insanla yediğim ve içtiğim şeylerin bile bende bir anısı vardır. Belki de sizin için çok da önemli şeyler değildir bunlar. Belki de, "Çok ince düşünüyorsun be Miraç, böyle hayat mı geçer?" diyorsunuzdur. Ama ne yaparsınız, önemsiz görülen küçük şeylerin bende önemi büyüktü. Öyle de kalacak.

Kahvemden bir yudum aldım ve konuşmaya başladık. O anlattı, ben dinledim. Ben anlattım, o dinledi. Hayatına aldığı son kişinin adının da Miraç olduğunu söyledi. Ben bir an öylece kaldım. Kısa süreli bir şaşkınlıktan sonra onu dinlemeye devam ettim. Normalde kimsenin geçmişini sorgulamam, irdelemem ama bu konu benim ilgimi çekti. Konuyu uzatabildiğim kadar uzattım ve merak ettiğim şeyleri sordum ona. Eski sevgilisinin de Yay burcu olduğunu, adının Miraç olduğunu, benimle aynı yaşta olduğunu, onun da Antalya'da yaşadığını söyledi. Ayrılmışlar.

Şimdi sizi empatiye davet ediyorum. Şöyle bir sessiz düşünün; bir insanın hayatında size yer vermesini, sizi sevmesini istiyorsunuz. Sonra siz de hayatınızda ona güzel bir yer vermek istiyorsunuz. O da mesafeleri öne sürerek bu bahanenin arkasına saklanıyor ve mesafeli ilişki yürütmek istemediğini söylüyor. Buna rağmen kalkıp onu görmek ve yüz yüze konuşmak için yaşadığı şehre, yanına kadar gidiyorsunuz. Yanınıza gelme zahmetinde bile bulunmuyor ve geldiğiniz gibi onca yolu geri dönüyorsunuz. Sonra hayatına almış olduğu eski sevgilisiyle aynı isme, aynı özelliklere sahip oluyorsunuz ve en önemlisi de siz, onun için elinizden ne geliyorsa yapmanıza ve onun hayatına aldığı insanla aynı isme sahip olmanıza rağmen bir an bile olsa aklına gelmiyorsunuz. Yani anlayacağınız benim yeryüzündeki varlığımı hiçe sayıp yerime başkasını koyan ve yerime koyduğu insanla aynı isme sahip olmama rağmen aklına dahi düşmediğim bir insanın beni sevmesini, bana değer vermesini bekledim. Sonuç? Vazgeçtim.

Beni sevmeyebilir. Beni hayatına almak istemeyebilir. Beni beğenmeyebilir de. Bunlara saygı gösterebilir, kabullenebilirim. Ben ne kendimi birine zorla sevdirebilirim ne de birinin zorla hayatında bana yer vermesini isteyebilirim. O kadar yüzsüz de değilim. Lakin insanların birbirlerini sevmelerine, bağlanmalarına ve birbirlerini yaşamalarına hiçbir zaman engel olamayacak saçma sapan bahanelerin önüme getirilmesini ve o bahanelerin arkasına saklanılıp beni o duvarın önünde bırakıp arka kısmında başkalarına çiçek açmasını, bana da yalnızca duvar olmasını kabullenemem. Ben buna saygı gösteremem.

Şunu anlatmak istiyorum: Mesafe denilen şey yalnızca rakamlardan ibarettir. Bir bilettir ve sadece bir gidiştir. Mesafelere rağmen sevmek, her baba yiğidin harcı da değildir. Bir insan burnunuzun dibinde de olsa, kilometrelerce uzakta da olsa bunun hiçbir önemi yok. Olmayınca burnunun dibinde olsa da olmuyor. Buna en güzel kanıt; uzağındayım diye beni sevmeyen insanın, sırf yanı başında diye hayatına aldığı, sonra yine de bir şeylerin olmadığı ve ayrılığı tattığı bu hikâye olsun. Bu hikâye mesafelerin sevmeye, sevilmeye ve gerçekten bir ilişki yürütmeye engel olduğunu düşünenlere armağan olsun.

**Görmediği halde sevdiği Yaradan olanın,**
**ne işi olur mesafeyle?**

# Bu Yorgunluk Bitmez

Bu zamana kadar kimin neye ihtiyacı olduysa koştuk. Yanında olmamıza ihtiyacı olan kim varsa yanında bittik. Bir gün olsun kimseye kötülükle gitmedik. Kimseye sırt çevirmedik. Hayır demedik, olmaz demedik. Elimizden ne geliyorsa hepsini verdik. Kimse bizi kaybetmekten korkmadı, kaybetmekten korkan her zaman bizdik.

Önceliği olmadığımız insanlara bile öncelik verdik. Bir süre sonra yalnızca kendimizi yorduğumuzu fark ettik ve sonra ne yaparsak yapalım bu yorgunluğu dindiremedik; çünkü biz bahane üreten, bir şeylerden kaçan, yaptıkları ve yapacakları sadece dilinde olan insanlardan değildik. Olamazdık.

**Bakın Reşat Nuri Güntekin yorgunluğumuzun nedenini nasıl özetlemiş:**
**"Biz, 'hayır' demeyi, 'işim var' demeyi, 'olmaz' demeyi beceremeyen insanlarız. Yorgunluğumuz bitmez bizim."**

# Hata Yapılır, Affedilir; Yanlış Yapılır, Kapı Gösterilir

Sonucunu düşünerek sarf edilen cümlelerin açtığı hasarlara dayanarak, benden dilenen özürlere kapattım ben bütün kapıları. Kasıtlı verilen hasarlar ve yapılan hataların ardından dilenen özrün yeri yok benim hayatımda. Her insan hata yapar, bunu biliyorum. Hata affedilir; lakin yanlışa boyun eğmiyorum. Ben de hata yapıyorum. Yaptığım hatanın farkına vardığımda özür dilemesini de biliyorum; fakat yanlış yapıp hata yapmışım süsü vererek kimsenin affına sığınmıyorum. Gitmem gereken yerde gitmesini de biliyorum. Kendimde hiçbir zaman yanlış yapıp özür dileme yüzünü görmedim, görmüyorum. Herkes bir şeyleri yaparken farkındaydı. Sonucunun vereceği hasarı da biliyordu. Bu yüzden kimse kırılacağını bile bile yere bıraktığı bardaktan su içmeye çalışmasın.

**Şu cümleye sonuna kadar katılıyorum:**
**"Koparılan çiçeği suya koymak kadar gereksizdir kalbe sunulan özür."**

## Duygular Yıpratır Mantık Onarır

Duygusal boşluk insana her şeyi yaptırır. İnsanın duygularına yenik düştüğü ve o boşluktan bir süre çıkamadığı bir evre vardır. Bazıları, bu boşluğa düşen insanları kullanmaya çalışır.

Duygularının en zayıf noktası olduğunu belli eden insanlar, büyük yaralar alır. Kendimden biliyorum, kime duygularımla gitsem sonuç değişmedi. Bir yerden sonra olaylara ve insanlara duygularımla yaklaşmamayı öğrendim. Bunu başarabildiğimden beri biraz daha rahatım ve eskisi kadar üzülmüyorum. Hayatımın her anında, "Kaybedeceksem de duygularımla kaybederim. Üzüleceksem de yine de duygularımdan vazgeçmem," diyen ben, şimdilerde hayatımı mantık üzerine devam ettiriyorum. "Mantık mı? Asla!" dediğim günleri hatırlıyorum; fakat asla büyük konuşmamak gerekiyormuş bu hayatta. Bunu bir kez daha anlıyorum. Mesela kadınların erkeklerden biraz daha duygusal olduğunu hemen hemen hepimiz biliyoruz. Yolunuz mantığı devreye girmiş bir kadınla kesişmişse eğer işiniz zor.

Bence bir kadının hayatta en acımasız olduğu an, mantığını devreye soktuğu andır. Şunu da unutma, mantığı devreye girmiş bir kadın için bitmiş bir adamsındır.

**Pablo Neruda'nın şu cümlesi**
**ne de güzel özetliyor bu durumu:**
**"Bir kadın söyleyeceği çok şey olduğu halde susuyorsa,**
**erkek artık tüm şansını kaybetmiştir."**

**"Hayatta yapılacak o kadar çok hata var ki, aynı hatayı yapmakta ısrar etmenin anlamı yok."**
**Jean-Paul Sartre**

Her hata bir acıdır, kırgınlıktır, biraz pişmanlıktır ama nihayetinde tecrübedir insana. Yaptığı her hatanın sonunda yeni bir tecrübe daha edinir. Bazen bu hataya insanlar da dahildir; çünkü hayatına aldığın her insan da ayrı bir tecrübedir. Güvenerek hayatımıza aldığımız o insanlar çoğu zaman bizim için öyle güzel hata oluyorlar ki, onlar sayesinde edindiğimiz tecrübenin oluşturduğu duvarlar daha yüksek ve kalın oluyor. Sonra o duvar yıkılmıyor. Yıkamıyorsun. Yaptığın hatayı tekrar yapma kaygısı boğuyor seni. Bu defa senin için hata olmayacak detaylara da, insanlara da hata gözüyle bakıyorsun. Şöyle düşün: Bir insana güveniyorsun, sözlerine güveniyorsun, kalbine güveniyorsun, samimiyetine güveniyorsun. Sonra alıp o insanı hayatının en merkezi yerine koyuyorsun. Bunun zamanla bir hata olduğunu görüyorsun ama iş işten çoktan geçmiş oluyor ve bir tecrübe daha ediniyorsun. Sonra bir tecrübe daha... Bir tecrübe daha...

Sonra senin için belki de en büyük kazanım olacak her şeye şüpheyle bakıyorsun; çünkü defalarca güvenip şans verdiğin insanlar yüzünden o duvar çoktan örülmüş oluyor. Bir bakıyorsun kendini korumak için ördüğün duvarlar senin üzerine yıkılmış, altında kalmışsın. Bu yüzden olmayacağını gördüğün her ne varsa oldurmaya çalışma. Sonunu gördüğün yolları yürüyüp boş yere kendini yorma. Bir hata yalnızca bir defa yapıldığında güzel... Aynı hataları tekrar tekrar yapma; çünkü yapılacak daha güzel hatalar, edinecek başka tecrübeler var.

**Bak Yunus Emre ne güzel söylemiş:**
**"Hiç hata yapmayan insan,**
**hiçbir şey yapmayan insandır**
**ve hayatta en büyük hata,**
**kendini hatasız sanmaktır."**

## Ben Kendimi Severim

Adına yalnızlık denen korkularım var benim. İnsanlardan korktuğum için ördüğüm, ardına saklandığım kalın duvarlarım var. Bunun nedeni yalnızca bir insan değil, insanlar. Tanıdıklarım, güvendiklerim ve zamanında sevdiklerim. Konuyu yalnızca sevgili konusuna bağlarsam haksızlık etmiş olurum.

Zamanında samimiyetine inandığım, güvendiğim ve sevdiğim insanların bana iyi niyetimin karşılığını hayal kırıklığıyla, pişmanlıkla ve onca acıyla verdiğini iliklerime kadar hissettiğimde, bu noktadan sonra herkese eskisi kadar samimi olmamam gerektiğini, herkese iyilikle gitmemem gerektiğini ve benim için hiçbir zahmete girmeyen insanlar uğruna çabalamamam gerektiğini anladım. Aynı travmaları ve aynı acıları yaşamaya niyetim yok benim. İnsanlardan uzaklaştım. Kim iyiymiş, kim kötüymüş ilgilenmiyorum.

Bildiğim tek şey, eskisi gibi değilim. Artık kendimi bir insana bırakacak, güvenecek ve sevecek gücüm yok benim. Siz seviyor gibi yapmaya devam edin. Ben kendimi severim.

**Sabahattin Ali'nin dediği gibi:**
**"Kendimi bir balkondan aşağı daha rahat bırakabilirim, bir insana bırakmaktansa.**
**Öyle çok korkuyorum insandan."**

Bir Şaman sözü der ki:
Sevdiklerine bağlı ol ama bağımlı olma.
Fedakâr ol ama kendini feda etme.
Dünü unutma, saplanıp kalma da.
Sabret ama katlanma.
Eleştir ama suçlama.
İste ama ısrar etme.
Ve en önemlisi hiç kimseye biat etme.
Bir gün hepimizin öleceğini de asla unutma...

Her şey dengeyi kurabilmekle
alakalı aslında. İyi ayarla.

**Frida Kahlo'nun biraz da olsa hayatımıza yön verecek şu cümlesine kulak vermemizde fayda var: "Uğraşarak düzeltemediklerinden vazgeçerek kurtulursun."**

Yalnızca kendini düşünmeye, onca sıkıntının ve acının üstesinden gelmeye, gamsızlığa, hiçbir şeyi kafaya takmamaya, düştüğünde ayağa kalkmaya gelince Bob Marley gibi ol. Baksana, Bob Marley bu durumu çok güzel özetlememiş mi? "Asla başka insanlar üzülmesin diye kendini üzme. Unutma, sen kaldırabiliyorsan, onlar da kaldırabilir."

Ben bu sözü duyduğumda kafamdaki birtakım taşların yeri değişti. Senin de değişsin. Ben artık kimse üzülmesin diye kendimi üzmüyorum. Kendi mutluluğumdan kısıp başkalarını mutlu etmeye, hiçbir şekilde yaranamadığım insanları memnun etmeye çalışmıyorum. Kim ne ektiyse onu biçecek artık benim hayatımda. Ben de insanım. İçinden çıkamazsın dedikleri şeylerin içinden gayet de çıktım. Yapamazsın dedikleri her ne varsa başardım. Bunca şeyi kaldıramazsın dediklerinde ise tek başıma kaldırdım. Onlar da kaldırabilir. Ben başkaları için uğraşmayı, çabalamayı ve kendimi üzmeyi bıraktım. Sadece kendi hayatıma odaklandım. Herkesin yalnızca kendini düşündüğü, yapamam diye bahanelerin arkasına saklandığı bu hayatta, artık ben de kendi yoluma bakmaya başladım.

**Hak etmeyen ve değmeyen insanlar için kendimi çok bile yıprattım.**

## *İyilik Yapmaktan Vazgeçme*

Her iyiliğin karşılığı bize beklediğimiz gibi dönmez. "Buna da iyilik yaramıyor," gibisinden sitem ederiz bazen. Hatta an gelir, iyilik yapmaktan bile vazgeçmeyi düşündüğümüz zamanlar olur ama vazgeçmemeliyiz. İyilik karşılık beklenmeden ve insanın kalbinden geldiği gibi yapılan bir eylemdir. Karşılık beklenerek yapılan iyilik, ticarettir. Sen her ne olursa olsun iyilik yapmaktan vazgeçme.

Bir gün dervişin biri, suya düşen bir akrebi kurtarmak ister. Elini uzatınca akrep sokar. Derviş tekrar dener, akrep yine sokar. Bunu görenler dayanamaz ve dervişe: "İyilik yapmak istediğin halde sana zarar verene daha ne diye yardım edersin?" diye sorarlar. Dervişin cevabı manidardır: "Akrebin fıtratında sokmak var, benim fıtratımda ise yaratılanı sevmek, merhamet etmek..."

**"İyilik yapmaya devam et.<br>Karşındaki o iyiliğe layık değilse,<br>sen o iyiliğe layıksın."<br>Che Guevara**

## *Bu İlk Yenilgim Değil*

Beni ilk kez sen acıtmadın. İlk kez sen kırmadın, sen yıpratmadın ve sen ağlatmadın. Bu ilk yıkılışım değil. Senden önce de yıkıldım. Senden önce de acıdım ve senden önce de ağladım. İlk kez acımıyor canım. Beni sevdiğim insanlar düşürdü ama bu zamana kadar ayağa hep kendim kalktım. İyileşmesi güç yaralarımı kendim sardım.

"Yanındayım," diyenler oldu, hep bir başıma ağladım. Senin yaşattıkların da şaşırtmadı anlayacağın çünkü alıştım. Senin de yoktu onlardan bir farkın. Onların yaşattıklarından farklı bir şey yaşatmadın. Aynısın. Ben ayağa yine kalkarım; ama sen benim gibi seveni bulamazsın.

**Ben, seni sevmeyi, beni acıtıp**
**başkalarını sardığını gördüğüm an bıraktım.**

## Biraz da Sen Çabala

İkimiz için yeteri kadar uğraştım, savaştım. Yolun yanlış olduğunu bildiğim halde bir an olsun sana gelen hiçbir yoldan ayrılmadım ve sana doğru adımladım. Bir ilişki yalnızca iki tarafın emek vermesiyle yürürdü. Kalbinde sevgi varsa bir insanın, her şeyi yapardı. Yapmalıydı. Ben de yaptım. Yapmadın diyemezsin, yaptım. Rahat vicdanım. An geldi, dolup taştım. Kimseye gidip hiçbir şey anlatmadım. Hep kendi içime attım. Bir gün olsun sana gelip bir şey yansıtmadım. Yapılan fedakârlıklar dile getirilmez ama insan bir yerden sonra boşa kürek çektiğini hissedince, yürüdüğü o yolun bir yere çıkmadığını çok net görünce kafasına bir şeyler dank ediyor. Benim de etti.

Ben senin için savaşmayı ve bu ilişkiyi ikimizin yerine tek taraflı ayakta tutmayı, senin oturduğun yerden konuşmaktan başka hiçbir şey yapmadığını ve hiçbir şeyin değişmediğini çok net anladığımda bıraktım. Her şeyi bunca zaman benden bekledin, sevdiğim için yaptım; ama artık bütün çabalarımdan, senin yapmadıklarını yapmaktan, savaşmaktan, uğraşmaktan ve bir şeyler olsun diye, huzurumuz kaçmasın, üzülme diye kendimi yıpratmalarımdan uzağım. Sen iki kere ikinin dört ettiği gerçeği gibi kesin ve net bir sonuçsun benim için. Ben yoruldum. Biraz da sen çabala ya da bensiz devam et yoluna. Ben kendi kabuğumdayım.

**Herkesin birbirini sözde çok sevdiği**
**ama davranışa yansıtmadığı bu dönemde,**
**ben kendimle baş başayım.**

## Yorulmana Değmeyecek İnsanlar İçin Kendini Yorma

Daha önce de söyledim, gitmeyi kafasına koymuş insanı yanınızda tutamazsınız. Kalmak isteyen zaten sizinle her ne olursa olur kalır. Bakın kimin babaannesi söylemiş bilmiyorum ama çok güzel söylemiş: "Babaannem derdi ki, 'Gitmek isteyeni kırk düğüm halatla bağlasan tutamazsın. Kalmak isteyene saç teli yeter.'"

En ufak şeyde hemen kapıya yönelen değil, yanınıza oturup sizinle orta yolu bulmaya çalışan, çözüm arayan insanlar olsun hayatınızda. Çabalayacaksanız, gitmeye bahane arayan insanlar için değil, yanınızda kalan insanlar için çabalayın. Gitmek isteyeni uğurlayın. Yanınızda kalanı en güzel şekilde ağırlayın. Bahanelerle hayatına yön veren insanların sizi sevmesini beklemeyin. İncinirsiniz. Onların kendine hayrı yok ki size olsun. Kalbinin sesi hariç her şeye kulak veren ve hayatını böyle sürdüren insanın hayatında olmasının sana hiçbir faydası yok. Zaten gereği de yok. Çok da lazım değil yani.

**Gitmek isteyen bir insanın kalması için uğraşma.**
**Gideni uğurla, kalanı ağırla.**
**Sen de insansın, yazık sana da.**

**Candan Erçetin'in,**
**"İster mutlu ol, istersen delir,"[7] dediği yerdeyim.**

Artık eskisi gibi değilim. Bir gülüşünle, bir mesajınla hiçbir şey değişmez. Değiştiremezsin, buna izin vermem. Sen bir yerlerde başkalarıyla gününü gün ederken, ben hayatımı senin yüzünden kendime zehir edemem. Benden önemli misin? Üzüldüğümde, gözyaşı döktüğümde ve acı çektiğimde bana benden daha çok üzülecek de değilsin. Artık bana kim nasıl gelirse öyle geleceğim. Kim benden nasıl giderse, öyle gideceğim. Bundan sonra böyle, bilesin.

**Sana ayırdığım sürenin sonundan sesleniyorum:**
**Hiçbir çabama değmezsin...**

**"Her şey göründüğü gibi olsaydı eline aldığın deniz suyu mavi olurdu."**

## Görmek Her Zaman Anlamak mıdır?

Çoğu insan, "Ben gördüğüme inanırım," tezini savunur ve hayatını da buna göre yaşar.

Tıpkı dinlemek ve anlamak arasında uç bir fark olduğu gibi, görmek ve anlamak arasında da uç bir fark vardır. Aslında gördüklerimiz de bizi çoğu zaman yanılgıya düşürebilir. Görmek her zaman anlamak değildir. İkisi farklı şeylerdir ve insan genellikle bu farka yenilir. Görüp hemen bir hüküm vermek, hemen bir sonuca varmak yerine biraz daha sakin kalıp anlamaya çalışsak belki de çok daha farklı olacak her şey. Gelin size konuyla ilgili bir hikâyeden söz edeyim.

Geceyi geçirmek için iki gezgin melek epey varlıklı bir ailenin kapısını çalmışlar. Aileden bekledikleri misafirperverliği göremeyen bu iki melek, kaba bir tavırla karşılaşmış ve aile onlara koca evde misafir odalarından birini vermek yerine, bodrumdaki soğuk bir bölümü göstermiş. Melekler bu soğuk bölümde uyuyacak yer hazırlarken yaşlı melek duvarda bir delik olduğunu fark etmiş ve hemen kalkıp deliği onarmaya başlamış.

Genç melek, şaşkınlığını daha fazla gizleyememiş ve yaşlı meleğe bu davranışının nedenini sormuş. Yaşlı melek hafifçe gülümsemiş, "Her şey, her zaman, göründüğü gibi değildir..." cevabını vermiş. Sabah olduğunda kaldığı evden ayrılan bu gezgin melekler, gece olduğunda bir kez daha kalacak bir yer bulmak için bu kez çok fakir, çiftçi bir ailenin kapısını çalmış.

Bu aile son derece misafirperver, mütevazı ve çok iyi insanlarmış. Sofralarında ne var ne yoksa o akşam evlerine gelen meleklerle paylaşmış ve daha sonra onlara uyumaları için kendi yataklarını vermişler. Yeniden sabah olduğunda melekler karı kocanın gözyaşı döktüğünü fark etmiş. Fakir ailenin tek geçim kaynağı olan ineği, tarlanın ortasında cansız bir şekilde yatmaktaymış.

Genç melek bu olayın vermiş olduğu sinirle yaşlı meleğe isyan etmiş: "Bunun olmasına nasıl izin verirsin? O varlıklı ve kaba ailenin her şeyi vardı. Sen yine de onlara yardım ettin. Evlerindeki duvarı onardın. Bu iyi kalpli fakir ailenin o inekten başka hiçbir şeyi yoktu. Buna rağmen onu bile paylaşmak istediler ve sen o ineği kaybetmelerine izin verdin!"

Duyduklarının üzerine yaşlı melek, genç meleğe dönerek şu cevabı vermiş: "Her şey, her zaman göründüğü gibi değildir. O zengin ailenin evindeki bodrumda kaldığımız gece, duvardaki deliğin içinde külçe külçe altın olduğunu gördüm. Evin sahipleri bu kadar açgözlü, bu kadar kibirli olduğu için ve kendisine verilmiş şans sayesinde edindiği zenginliğin bir parçasını dahi paylaşmaya yanaşmadığı için, ben de o deliği öyle bir kapatıp mühürledim ki arayıp bulsalar da açamazlar. Ve dün gece biz çiftçi ailenin yatağında uyurken, ölüm meleğinin o çiftçinin karısını almaya geldiğini gördüm. Ben de onun yerine ölüm meleğine ineği verdim."

Yaşlı melek hafifçe gülümseyerek eklemiş: "Her şey, her zaman göründüğü gibi değildir. Bazen işler istediğimiz gibi gitmediğinde aslında bizim de başımıza gelen tam da budur işte. Eğer inanıyorsanız yapmanız gereken şey sadece, her sonucun her zaman sizin lehinize olduğuna inanmaktır. Bunun böyle olduğunu ancak belirli bir zaman sonra öğrenseniz bile bazı insanlar hayatımıza girerler ve çabucak çıkarlar. Bazıları ise dostumuz olur ve bir süre yüreklerimizde o güzel ayak izlerini bırakarak orada kalırlar. Bu, iyi bir dost kazandığımız için, bir daha asla eskisi gibi olmayacağız demektir. Dün tarih oldu. Yarın bir gizemdir. Bugün ise bir armağan. Bence bu çok özel bir şey... Her anı doyasıya yaşayıp tadını çıkarmalıyız."

## İnsan Hep mi Kaybeder?

Bir insan hep mi kaybeder? Hayatında sevdikleri dışında hiç mi yolunda giden bir şeyler olmaz? Hiç mi uğramaz mutluluk kapısına? Güvendiği herkes mi boşa çıkarır güvenini? Sevdiği her insan tarafından mı kırılır? Hep mi değer verdikçe değersizleştirilir?

Cevaplayayım; evet, bir şeyleri daima tek taraflı kazanmak ve ayakta tutmak için uğraşırsa kaybeder. Her şeye bir anlam yüklerse kaybeder. Bazılarını hayatının merkezine koyup kendini unutursa kaybeder. Doğrusunu bildiği yalanlarla kendini avutursa kaybeder. Haklı olduğu halde özür dileyecek kadar severse kaybeder. Yerine başkasının koyulduğunu gördüğü halde sevmeye devam ederse kaybeder. Anlamını yitiren şeyleri geri getirmeye çalışırsa kaybeder. Başkası üzülmesin diye kendini üzerse kaybeder. Gitmek isteyen insanın kalması için uğraşırsa kaybeder. Altından kalkamayacağı yükleri tek başına sırtlanırsa kaybeder. Kendisine vermesi gereken değeri başkalarına verirse kaybeder.

İyi insanların kaderidir kaybetmek. Çağımızın hastalığı bu; sevilen gider, kalbini ortaya koyarak seven kaybeder.

**Kaybedince acıya teslim olma.**
**Her kaybedişte bir kazanç vardır, unutma.**

**"Amacınız güzel olmak değil, güzel sevmek olsun.**
**Gerekirse ömrünüzde bir kişiyi sevin**
**ama güzel sevin."**
**Frida Kahlo**

Bir kadını güzel olduğu için seven adamlar var. Pardon adam dedim, erkekler var. Aman gözleri güzel olsun, aman beli ince olsun, burnu küçük olsun, saçları kıvırcık olsun diye pazardan domates seçer gibi ayrım yapıp dış görünüşe göre hayatına birini dahil etmeye çalışanlar var. İnsana dış görünüşüne göre muamele yapılması kadar çirkin bir şey bilmiyorum. Ne güzel kadınlar gördüm, içlerini pislik götürüyordu. Çirkin gözüyle bakılan kadınların içiyse papatya bahçesiydi. Bir kadın fiziği güzel olduğu için sevilmez, merhametli diye sevilir. Bir kadın ince belli diye sevilmez, çayı güzel demliyor diye sevilir. Bir kadın kaşı gözü güzel olduğu için sevilmez, bir kadın herkese karşı aynıyken sana farklı ve ayrıcalıklı davrandığı için sevilir.

En ufak bir şeyde senin kestirip attığın birçok şeyi topladığı ve kestirip atmak yerine senin üstüne düştüğü için sevilir. Bir kadını güzelliği ve fiziği için sevip değer vermek yerine, baba sevgisi görmeden büyüdüğü için, içindeki, yaşayamadığı çocukluğu için sevin. Babasının yarım bıraktığı yerden sevin. Emin olun, bütün bunları yaptığınızda erkek değil, işte o zaman adam oluyorsunuz.

**Bir kadının sevgisi,**
**erkekteki adamlığı gördüğü yerde başlar.**

## Kendime Söz Veriyorum

Kendime söz veriyorum; bir daha bana kendimi değersiz hissettiren hiçbir yerde, hiç kimsede kalmayacağım. Kendime söz veriyorum; bana sıradan biriymişim gibi davranan kim varsa bıçakla keser gibi hayatımdan kesip atacağım. Kendime söz veriyorum; kim bana ne kadar değer veriyorsa ben de hak ettiği kadar değer vereceğim. Kendime söz veriyorum; gidene kal demeyeceğim. Kendime söz veriyorum; bana sevdiğini hissettirmeyen hiç kimseye sevgimi göstermeyeceğim. Kendime söz veriyorum; kendisini bana unutturmaya çalışanı hatırlamaya çalışmayacağım. Kendime söz veriyorum; bir şeyleri ayakta tutmak için tek başıma çabalamayacağım.

Artık yalnızca kendime söz veriyorum. Bundan sonra sadece kendime değer veriyorum; çünkü kimseyi benden daha değerli görmüyorum. O devri kapattım artık. Değer verdiğim insanların değiştiğini ve bir şeye değmediğini artık çok iyi biliyorum; bu yüzden bundan sonra sadece kendimi seviyorum.

**Sevgiyle güzelleşmeyen insanı gördüğüm an,**
**ondan hemen uzaklaşıyorum.**
**Çünkü canımı en çok o yakacak, biliyorum.**

# Duy da İnanma

Geçmişine şöyle bir baktığında, "Gitmem," diyen kim kaldı yanında? "Bir daha kimseye güvenmeyeceğim," deyip kaç kez yemin bozdun? Düştüğünde, "Yanındayım," diyen kaç kişi elini uzattı sana? Her defasında kendin kalkmadın mı ayağa? Kalktın. Her defasında kendinden büyük acıları sırtlanmadın mı omuzlarına? Tek başına göğüs germedin mi içinden çıkamam dediğin onca duruma? Bu ne ki? Bu ilk yıkılışın da değil, ilk kırılışın da.

"Geçmez," deme, "Geçmez," dedikleri şeylerin geçtiği gibi bu da geçer. Şimdi kalk ayağa. Başkasına ihtiyacın yok, tek başına da devam edebilirsin yola. "Yanındayım," diyenler oldu, sen onca acının içinden tek başına çıktın. Ağladın, gözyaşlarını kendin sildin. Unutma.

**"Yanındayım," diyenler olacak.**
**Duy da inanma.**

*"Nasılsın? " sorusuna*
*"İyiyim," cevabı verdiğimde bile,*
*gerçekten iyi olmadığımı hissedecek*
*insanlara ihtiyacım var.*

# Bizi Sen Bitirdin; Ben Seni, Sen Bizi Kaybettin

Bana sürekli beni sevdiğini söylüyordun ama bu ilişki için uğraşan, varını yoğunu ortaya koyan ve ayakta tutmaya çalışan hep bendim. Aşk geçici körlüktü. Ben de seni sevmekten başka hiçbir şey görmedim. Ama Allah biliyor ya, beni sevmeni çok bekledim. Senin için yaptıklarımı, bu ilişki için yaptıklarımı bir kenara bırak. Her şeyi bir kenara bırak. Beni sevmen için çok bekledim. Bunu unutma. Bekledim... Herkesin kolay bir şekilde bir çırpıda, "Seviyorum," dediği ama beklemediği insanların içinde ben senin beni sevmeni çok bekledim ama sevmedin. Sevilirim düşüncesiyle sana attığım her adımda sevilmediğimi iliklerime kadar biraz daha hissettim. Yosunun bile taşa sarıldığı bu dünyada sen beni sevmedin.

Görmezden gelmekte üstüne yoktur, seversin sen. Ben senden başka hiçbir şey görmezken, sen beni hep görmezden geldin. Sen bizi, "İyi ki seni tanımışım," diyecekken, "Keşke seni tanımasaydım," diyecek hale getirdin. Bundan sonra kime dokunursan dokun, kimi öpersen öp, kime gidersen git. Vicdanın bunu hep hatırlatacak sana; bizi sen bitirdin...

**İnsan hayatta iki şeyi unutamıyor:**
**birincisi sevdiğini, ikincisi sevilmediğini.**
**Ben içinde sen olan her şeyi sevdim de**
**sen, ben hariç her şeyi sevdin.**

## Gönlünü Ferah Tut

Zaman zaman umutsuzluğa kapılıyorum. Hayat enerjim düşüyor. Her şeyle, herkesle bağlantımı kesiyorum. Anlayacağınız, kısa süreliğine bitkisel hayata giriyorum. Bir yerden sonra hem kendime hem de hayatıma haksızlık ettiğimi fark ediyorum.

Bir adım daha atamayacak kadar yorulduğumu hissettiğim o anda aklıma Hz. Mevlâna'nın şu rahatlatıcı söylemini getiriyorum: "Seni en iyi Allah bilir. Gerisi ya yanlış ya eksik bilir. Seni mutsuz edenler yüzünden umutsuz olma, mutlu olacağın zaman da gelir. Seni mutsuz edenleri görüp herkesi öyle sanma, seni mutlu edecek olan da gelir. 'Bugün çok derdim var' deme, o derdi sana veren Allah'ın, dermanı verdiği gün de gelir. Sen Rabb'ine dua et. Dua etsem ne olacak deme, duanın kabul olduğu gün de gelir." Sen de ne zaman dara düşersen, ne zaman bir adım atamayacak kadar yorulursan o an bu söylemi anımsa, sana iyi hissettirir.

Sen gönlünü ferah tut, gerisi halledilir.

**Ne zaman göğsün daralırsa,**
**ne zaman umutsuzluğa kapılırsan,**
**Allah'ı an. O seninledir.**

## *Şüphe Duyduğun Her Şeyden Vazgeç*

Hepimizin bildiği gibi, çağımızın en büyük sorunu güven problemi. Böylesine bir çağda bunca kötülüğe ve her şeye, herkese rağmen inandığın, güvendiğin ve savunduğun bir şeyler varsa, senin değerini bilmeli; çünkü bu hayatta en büyük zenginliklerden biridir güven duygusu. Her şeye rağmen birilerine ya da bir şeylere güvenebiliyorsan ve buna rağmen seni şüpheye düşürüyorsa, bir an olsa bile orada kalma.

Çünkü şüpheye düşüren şey senin için doğru olsaydı seni asla şüpheye düşürmezdi, bunu unutma.

Net olan her şey sana kendini belli eder ve bunu hissedersin. Dibini görmediğin suya ayağını sokma.

Acaba dedirten, seni şüpheye düşüren ne varsa vazgeç. Kimseye kolay kolay güvenilmediğini bile bile zar zor duyduğun güven duygunu da seni şüpheye düşürerek çöpe atan her şeyi, herkesi sil. Mevlâna'nın da dediği gibi:

"Varlığınızın kıymetini bilmeyenleri yokluğunuzla terbiye edin." Net olmayan hiçbir şeye, hiç kimseye inanmak için çaba sarf etmeyin.

**Her şey bir yana da,**
**net olmayan her şey beni çok yoruyor.**

**Hani demişler ya:**
**"Sabır taşı olsa çatlardı ama**
**yürek bekler bilirsin."**

Ben artık kimseyi sevemeyecek kadar hissiz, kimseye bir daha kırılamayacak kadar güvensizim. Beni bu düşüncelere iten ve duygusal iflasımda emeği olanları Allah'a havale ediyorum. "Yoruldum," dedikçe bana yokuş olanlar, dinlendiğimde yanımda belirsin istemiyorum. Güvendiğim insanların bana hayal kırıklığı olduğunu düşününce, Peygamberimizin (S.A.V.) şu hadisini aklıma getiriyorum: "Canı yanan sabretsin. Canı yakan canının yanacağı günü beklesin." İlahi adalette hesaplar incedir, canımı yakanların canının yanacağı günleri bekliyorum.

**Bana yapılanları belki affediyorum**
**ama unutmuyorum.**
**Hz. Mevlâna'nın da dediği gibi:**
**"Açtığınız yaradan,**
**bir gün mutlaka hesap soracak**
**Yaradan..."**
**Biliyorum!**

**"Etme sırtını duvardan başkasına emanet.**
**En kralının bile içinde vardır bir nebze ihanet."**

Kimseyi sizi aldatmasına rağmen, "Acaba bir şans daha versem mi?" deyip şans verecek kadar çok sevmeyin. Hiç kimse yerinize başkalarını koyup sonra sizden yeniden bir şans isteyip affınıza sığınmayı hak etmez ve kimse buna değmez. Zamanında verdiğiniz şansı ve güveninizi hiçe sayıp, sizi yerinize başkalarını koyacak kadar kaybetmeyi göze alan insanları siz de gözden çıkarın. Kimsenin alternatifi değilsiniz. Önceliği olmadığınız insanlara öncelik tanımak zorunda da değilsiniz. Aldatıp, üzüp, kırıp daha sonra affınıza sığınmaya çalışan ve sizden ikinci bir şans isteyen insanların en çok sevdiği şeydir, bir bardağı kırılacağını bile bile yere bırakıp sonra o bardaktan su içmeye çalışmak. Çok severler. Kimseye sonunu bile bile yaptığı hataların affını isteme fırsatını vermeyin. Her zaman söylerim, güven tek kullanımlıktır. Kıranları affetmeyin. İnsanın özsaygısı, bu hayatta her şeyden önce gelir. Kaybetmeyin.

**Turgenyev'in de dediği gibi:**
**"Öyle bir an gelir ki, bazı yolların dönüşü,**
**bazı hataların özrü,**
**bazı insanların anlamı olmaz!"**

## Emek Vermeyene Vazgeçmesi Kolay Olur

Peki, neden sevilmiyoruz? Sevilmek için çok mu çirkiniz? Aksine, sevilmek için güzel bir kalbe sahibiz. O halde neden sevilmiyoruz biz? Onlar mı kalpsiz? Biz mi sevilmeye layık değiliz? Yanlış insanlara hak etmeyeceği emekleri veririz. Sevmeyi bilmeyen insanlar tarafından sevilmeyi bekleriz. Sonra mı? Her zaman olduğu gibi en çok üzülen yine biziz.

Üzerimize düşeni fazlasıyla yaptık. Emek verdik. Değer verdik. Sevdiğimizi de hissettirdik. Peki, neden sadece biz kaybettik? Çabalayan sadece bizdik. Sevgisine emek veren yalnızca bizdik. Üzeceğini bile bile karşılanmayacak beklentilere girdik. Sevmek nedir bilmeyen kalplerden sevgi bekledik. Kolay vazgeçemezdik; çünkü sevgimize büyük emekler verdik.

**Bak Sıla ne diyor bir şarkısında:**
**"Niye gidemiyorum biliyor musun?**
**Çünkü emek verdiysen zor."**[8]

## O Düşünsün

Sen elinden gelenin fazlasını yaptın. Belki de onun için daha önce hiç kimse bu kadar çabalamadı, sen çabaladın. Sen onun için bu konuda bir ilksin. O da haliyle bunu kaldıramadı. Aslında o da haklı. O, kalbinin yorgun olmasına rağmen, bir şeyler düzelir umuduyla olmayacağını bile bile yine de savaştı. Ona da hak ver; daha önce senin gibisi karşısına çıkmadı. Senin gibi seveni, değer vereni ve çabalayanı görünce bocaladı; ama sen dert etme.

Bak bu durum yine bir Necip Fazıl Kısakürek sözünü hatırlattı: "Sen çok sev de bırakıp giden yâr utansın." Uzun lafın kısası; sen sevdin, o kaldıramadı. Senin vicdanın rahat olsun. Gerisini o düşünsün. Sen değil, o seni kaybettiğine üzülsün. Size Şems-i Tebrizî'nin bir sözünü hatırlatmak isterim:

"Anladım ki insanlar; susanı korkak, görmezden geleni aptal, affetmeyi bileni çantada keklik sanıyorlar. Oysaki biz istediğimiz kadar hayatımızdalar. Göz yumduğumuz kadar dürüstler ve sustuğumuz kadar insanlar."

**Sen sevdin ve o bunu kaldıramadı.**
**Bu senin değil, onun hatası.**

## Sen Kendine Yetersin

Mevzu basit. Kim sana nasıl davranıyorsa, sen de ona öyle davranacaksın. Kopacaksa inceldiği yerden kopsun. Gerekirse, "Değiştin," desinler, "Egoist," desinler. Emin ol senden eskisi kadar faydalanamadıklarında bunları diyecekler. Kulak asma. Sen bu hayatı başkalarını memnun etmeye gelmedin. Kimsenin arkasını toplamaya da gelmedin. Şu üç günlük dünyada, başkalarına lunapark olup, size gelince kaktüs olan insanlar için canını boş yere sıkmaya da gelmedin. Herkes işine geldiği gibi davranıyor ve herkes menfaati kadar seninle. Unutma; menfaati bitenin, sevgisinin de bittiği bu çağda, gerekirse bir başına da kalırsın ama yine de kimseye boyun eğmezsin. Kimsenin kendisinden başka hiçbir şey düşünmediği bu hayatta, sen de hiç kimsenin ne istediğiyle ve ne hissettiğiyle savaşmak zorunda değilsin. Kim ne ekiyorsa onu biçsin. Fazlasını vermek yok. Onlar olmasa da olur. Sen kendine de yetersin.

**Kimse beni sevmiyor diye üzülme.**
**Seni en güzel sen seversin.**

## Kendini Hafife Alma

İnsan yalnızca güçlü ve yetenekli yanlarıyla değil, eksikleriyle, kusurlarıyla ve güçsüz yanlarıyla da bir bütündür. Hiçbirimiz mükemmel değiliz. Hepimizin artıları, eksileri, kusurları, güçsüzlükleri var. En önemlisi, kendimizi olduğumuz gibi kabul etmek.

Bir hata ya da kendinde bir kusur gördüğünde kendine kızma, kendinden uzaklaşma. Kendini olduğun gibi öylece kabul et; çünkü kabullenmek, güzel bir iyileşme ve iyileştirme yöntemidir. Kabullenmeyi kendinize alışkanlık haline getirdiğiniz zaman biraz daha rahatladığınızı ve mutlu olduğunuzu fark edeceksiniz.

Aslında hepimiz çatlak birer kovayız. Hindistan'da bir sucu, boynuna astığı bir sopanın uçlarına taktığı iki büyük kovayla su taşırmış. Kovalardan biri çatlakmış. Sağlam olan kova her seferinde ırmaktan patronun evine ulaşan uzun yolu dolu tamamlarken, çatlak kova içine konan suyun sadece yarısını eve ulaştırabilirmiş. Bu durum epeyce bir zaman böyle devam etmiş.

Bu sucu, her seferinde patronunun evine sadece bir buçuk kova su götürebiliyormuş. Sağlam kova, başarısından ve sağlamlığından gurur duyarken çatlak kova görevinin sadece yarısını yerine getirebildiğinden dolayı utanç duyuyormuş. İki yılın sonunda çatlak kova bir gün ırmağın kıyısında sucuya seslenmiş:

"Kendimden utanıyorum ve senden özür dilemek istiyorum."

"Neden?" diye sormuş sucu. "Niye utanç duyuyorsun?"

Çatlak kova cevap vermiş:

"Çünkü iki yıldır çatlağımdan su sızdığı için taşıma görevimin yalnızca yarısını yerine getirebiliyorum. Benim kusurumdan dolayı sen bu kadar çalışmana rağmen, emeklerinin karşılığını tam olarak alamıyorsun."

Sucu gülümseyerek çatlak kovaya şöyle cevap vermiş:

"Patronun evine dönerken yolun kenarındaki çiçekleri fark etmeni istiyorum."

Çatlak kova bir an çiftliğe giden yoldaki patikanın bir yanındaki güneşin ısıttığı o güzel çiçekleri gözünün önüne getirmiş, o çiçeklerin dikkatini çektiğini ve onları çok beğendiğini anımsamış; fakat yolun sonunda yine suyunun yarısını kaybettiği için kendini kötü hissetmiş ve yine sucudan özür dilemiş...

Sucu bir an kovaya sormuş:

"Yolun sadece senin tarafında çiçekler olduğunu ve diğer sağlam kovanın tarafında hiç çiçek olmadığını fark ettin mi? Bunun sebebi, benim senin kusurunu bilmem ve ondan yararlanmamdır... Yolun senin tarafına gelen kısmına çiçek tohumları ektim ve her gün biz ırmaktan dönerken onları sen suladın. İki yıldır ben o güzel çiçekleri toplayıp patronun sofrasını süsleyebildim. Sen böyle olmasaydın onlar evinde bu güzellikleri yaşamayacaktı."

Aslında hepimiz birer çatlak kovayız. Hepimizin kendine özgü kusurları var. Kusurlarımız yüzünden kendimize kızmak ve kendimizden uzaklaşmak yerine, onları kabullenmeli ve onlardan pay çıkarmalıyız. Kendimizi hafife almamalıyız. Başkalarının kusur gözüyle baktıkları, belki de kendi mucizemizdir. Bu açıdan bakmalıyız.

## *Ben Bunu Hak Edecek Ne Yaptım?*

Oysa yoktu içimde hiç kimseye karşı en ufak bir kötülük. Korkardım incitmekten, kaybetmekten ve hatta ah etmekten. Bu durum beni her zaman üzse de, hiçbir zaman vazgeçmedim insanları sevmekten. Onlar da vazgeçmezdi beni üzmekten, yormaktan, kırıp dökmekten ve pişman etmekten. Sonra sen çıktın işte karşıma. Gülüşüne yenildim, gelip girdin hayatıma. Gözlerini sevdim. Dudaklarından bana dökülen cümlelerini sevdim. Seni uzaktan yakından ilgilendiren her şeyi benimsedim. Aşk, her şeye rağmen bir şeyleri göze alabilmekti.

Ben de bunun canımı acıtacağını göze alarak sana güvendim. Ya sonra? Bende sana ait ne varsa hepsini tükettin. Benim için herkesten farklıyken, kendini herkesleştirdin. Sırf mutlu ol diye senin için yaptıklarıma canımdan can verirken ben, sen her şeyi mahvettin. Sonra anladım ki bazen sevmek de yetmiyormuş. Ben birçok şeyi doğru yapsam da giden yine gidiyormuş. İnsan sevince sevilirim sanıyormuş ama hayatta en çok da burada yanılıyormuş. Ne kadar severse o kadar sevilmiyormuş. Şimdi insanlara olan güvenimi ve iyi niyetimi bir kenara bıraktım. Kendime şu soruyu sormadan da edemiyorum; ben bunu hak edecek ne yaptım?

**Bana, "Ben bunu hak etmedim," dedirtenlerin,**
**"Ben bunu hak ettim," dediği günler de gelecek, sabır.**

**"Kıymet bilmek:
Kaybedince arkasından ağlamak değil,
yanındayken sımsıkı sarılmaktır," demiş Hz. Mevlâna.**

Ne de güzel söylemiş. Bile bile yaptığımız hataların sonunda ağlamamızın, üzülmemizin gerçekten hiçbir anlamı yok. Biz insanlar genelde elimizdekilerin değerini bilmek ve bunlara odaklanmak yerine, hoyratça davranıp kaybetmek için elimizden geleni yaparız. Pablo Neruda'nın konuyla alakalı çok güzel bir sözü var: "İnsan ulaşamadığı her şeyin delisi, ulaştığı her şeyin nankörüdür."

Hayat kısa, sevdiklerinizin değerini bilin. Her anınızın tadını çıkarın. Yiyip içtiğimiz, sevdiklerimizle geçirdiğimiz güzel günler yanımıza kâr kalıyor bu hayatta. Plan yapmadan anı, şimdiyi yaşa. Yarınları düşünerek yaşadığın şu ana haksızlık yapma. Bazı şeyler için geç olduğunda yapabileceğiniz çok da bir şey olmayacak. Bu yüzden arkadan ağlamak yerine, yanındayken sarılmayı dene. Kibirlenme, incitme. Az konuş, çok dinle. Elindekilere ve değerini bilmen gereken her ne varsa, her kim varsa, gecikme.

**Bilerek kırdığınız bardaktan
su içme isteğiniz de bitmek bilmiyor.**

## "Benden Uzak Olsun da, Mısır'a Sultan Olsun"

İyi bir insan olman falan bir yana da, Allah kimseyi sana duygusal anlamda muhtaç etmesin. Kimsenin yolunu sana rast getirmesin. Ben senden yeteri kadar çektim, başkası çekmesin. Sen insanı sevdiğine ve güvendiğine pişman eder, burnundan fitil fitil getirirsin. Önüne sunulan sevgiyi ve kalbi hiç edersin. Bitmez zannedilen duyguların hepsini bitirir ve güzel olan her şeyi tüketirsin. Sevmeyi seven, duygularıyla yaşayan insanı hissizleştirir, bir daha kimseyi sevemeyecek raddeye getirirsin. Hani o duygusal insan rollerin var ya, hepsi yalan. Sen anlattığın insan değilsin. Hadi seviyorum de git, sen seversin.

**Seni, bıraktığın acılarda**
**yine de senin omuzlarında ağlamak isteyecek kadar**
**seven bir insanı kendinden itersin.**
**Bu beni yanıltmaz çünkü kalpsizsin.**

## *Kimseyi Kınama*

Annem "Kimseyi kınama, bir gün kınadığın acın olur," derdi. Gerçekten doğruymuş. İnsan yaşamadan bazı şeyleri göremiyormuş. Kınadığı ne varsa bir bir yaşıyormuş. Benden size tavsiye, kimseyi kınamayın. Hele ki kimsede dil yarası açmayın. Bakın ne diyor bir atasözü: "Bıçak yarası geçer, dil yarası geçmez." Kimsede dil yarası açmayın, saramazsınız. Söylediğimiz sözler, düşüncelerimiz ve duygularımızın dile getirilmiş halidir. Dile getirdiğimiz ve ağzımızdan çıkan şeyleri iyi düşünmemiz gerekiyor. Nereye gideceğini, ne hissettireceğini ve ne kadar zarar vereceğini kestirmemiz gerekiyor. Dil yarası, cilt yarasına benzemez. Onarılması güçtür. Kimseyi kendinden üstün görme. Elindeki güçle kimseyi ezme. Ezilenin ve haksızlığa uğrayanın yanında ol.

**Uzun lafın kısasını Hz. Mevlâna özetlemiş:**
**"Kul isen kulluğunu bil, sultanlığa yeltenme.**
**Denizi görmemişken kaptanlığa özenme."**[9]

## *Kadın Gider; Çünkü...*

Kadın ne gitmek için sever ne de sebepsiz gider. Bir kadın gidiyorsa birden çok nedeni vardır. Bir kadın samimiyetine, samimi niyetine ve merhametine inandığı bir adamı severse güzel sever. Sevdiği için çok güzel mücadele de eder; ama baktı ki kalması için hiçbir sebebi yok, o güzel sevdiği adamdan hiç sevmemiş gibi vazgeçer.

Bir kadın gider; çünkü zamanında çabalamış ve bir şeylerin değişmediğini görmüştür. Gitme noktasına gelen bir kadın, o noktadan sonra yapabileceği bir şey kalmadığını düşünür. Her kadın, bir kız çocuğudur biraz. Olgunlardır ama aynı zamanda çocuk ruhlulardır. İçindeki çocukla ilgilenilmemesi, bir kadının gitmesi için yeterli sebeplerden biridir.

Kadın gider, sevmediğinden değil, değmediğinden. Hayal kırıklığına uğrayıp, acılarla savaşıp, her şeyde elini taşın altına koyduğu adamın hiçbir şeye değmediğini gördüğü an, o adam o an onun için biter.

Bir kadın severse de gider. Belki giderken kalbini yanına alamaz ama aklı yanındadır. Özler ama özledim diyemez; çünkü özlemini yanında olan aklı ve mantığı bastırır.

Bir kadın, gözlerine kalpten bakılmadığını hissettiği an gider. Kendisine yalan söylenildiğini hissettiği an gider. Dediğim gibi, gitmeyi kafasına koymuş bir kadını durduramazsınız. Seviyor diye gidemez sanmayın, gider. Vazgeçemez sandığınız sizden de vazgeçer. Bu da yetmiyor gibi bazıları gider, saçlarını keser.

Ve bir kadın giderken, arkadan Sezen Aksu, "Ben senin hayatından gittim oğlum. Hadi yerime koy birini koyabilirsen,"[10] der.

**En önemlisi de, bir kadın giderse,**
**arkasında bıraktığı her şey anlamını kaybeder.**

# Allah'ı An

Kendine fazla geldiğin günler olur. Aldığın nefes bile bazen ağır gelir sana. Kendini bile fazlalık hissedersin kendi hayatında. Gün bitsin ve yalnızca zaman geçsin diye yaşarsın bazı zamanlarda. Ne yediğinden tat alırsın ne içtiğinden. Bir şey olur. Sonra bir şeyler olur. Bir bakmışsın çok şey olmuş ve her şey üst üste gelmiş. İşin içinden çıkamayacak duruma gelirsin. Göğsüne bir ağrı saplanır, gitmez günlerce. Bir süre sonra göğsündeki o ağrıyla yaşamaya da alışırsın. Kendini kimseye adım atamayacak kadar büyük ve ağır bir yorgunluğun içinde bulursun. Kalbinin yalnızca kan pompalamaktan başka bir işlev görmediği, duygularının kimseye hiçbir şey hissettirmediği hissizlik bulutu sarar başını. Gidecek hiçbir yer, hiç kimse bulamazsın. Anlatmak istersin, susarsın. Bu defa dersin, bu defa sanırım toparlanamayacağım. Bu defa ayağa kalkamayacağım. Sonra Allah'ı anarsın, bütün sıkıntıların geçer. Unutma, kul "Bittim," dediğinde, Rabb'i, "Yettim," der.

**"Göğsünün daraldığını biliyoruz." (Hicr 15/97)**

**"Rabbi'n için sabret." (Müddessir 74/7)**

**"Her zorlukta bir kolaylık vardır." (İnşirâh 94/5)**

## Kimseye İhtiyacın Yok

Kendinden başka kimseye ihtiyacın yok. Dost acı söyler; "Yanındayım," diyenler yalnızca laf kalabalığı yapar. En kötü gününü düşün; sana, "Yanındayım," diyen onca insan vardı, tek başına atlatmadın mı? Düştün, ayağa kendin kalkmadın mı? Doldun, tek başına ağlamadın mı? Soruyorum sana; değmeyecek insanlar için kendine yeteri kadar haksızlık yapmadın mı? İnsanlar gelip geçici. Kalıcı olan, asıl olan sensin. Kendine kendin için iyi bak. Herkes gidecek, sana yine sen kalacaksın. Düşeceksin, ayağa yine kendin kalkacaksın. Yaralanacaksın, yaralarını kendin saracaksın. Sana her zaman olduğu gibi, "Yanındayım," diyenler olacak, onca acının içinden yine tek başına çıkacaksın. Sarılmaya ihtiyacın olacak, yine kendine sarılacaksın. Dertlerin seni yakacak, Anka kuşu gibi küllerinden yeniden doğacaksın. Kendine iyi bak, sana en çok sen lazımsın.

**Allah seni değerini bilecek olanlarla karşılaştırsın.**

## Neden Hep Üzülen Biziz?

Başka insanların belki de hayatları boyunca kabullenmeyeceği şeyleri sineye çekip kabullendiğimiz için. Yenilir yutulur cinsten olmayan şeylerin hepsini yiyip yuttuğumuz ve bir de üstüne sindirdiğimiz için. Affedilmeyecek şeyleri affettiğimiz, güvenmememiz gereken insanlara güvendiğimiz için. Yaptığımız iyiliklerin, sunduğumuz sevginin, duyduğumuz güvenin karşılığını okkalı acılarla almamıza rağmen yine de insanlara hayır diyemediğimiz ve bize yapılan kötülüklere rağmen iyilik yapmaktan vazgeçmediğimiz için. Hiçbir anlamı olmayan ve olmayacak her ne varsa, hepsine anlam yüklediğimiz için. Kalın kafalı insanlar için ince düşündüğümüz, kalpsiz insanlar uğruna kalbimizi ortaya koyduğumuz için. Bizi kaybetmeyi göze alanı, kazanmaya çalıştığımız için. Gitmek isteyene kal dediğimiz için. Biz paramparçayken, hiçbir şey olmamış gibi yoluna devam edenleri yeniden affettiğimiz ve yaptıklarını kabullendiğimiz için.

Peki, onlar mutluyken neden üzülen hep biziz? Benden söylemesi; böyle devam ettiğimiz sürece biz daha çok kaybederiz. Onlar gününü gün ederken, biz yalnızca kendimizi üzeriz.

**Sizi sevince ne olduğunu gördük.**
**Biz bundan sonra anca kendimizi severiz.**

# Tanıdığım Çok, Kimsem Yok

Gerekli ya da gereksiz birçok insan tanıdım. Hepsi farkını, sıradanlığını, kalitesini ve kalitesizliğini kendisi belirledi. Kimseye en ufak müdahale etmedim. Hiçbirinin hakkımda düşündüğü gerçeği ya da yalanı değiştirmeye çalışmayı bırakın, hiç birine eğilmedim. Herkes istediğini yaptı. Kimseyi yapmak istediği hiçbir şeyde engellemedim. Gelmek istediler, geldiler. Gitmek istediler, gittiler. Ben sadece onları izledim. Bir zaman sonra da bir sürü insan tanıdığımı ama kimsem olmadığını fark ettim. Bana boylarından büyük cümleler kuran, yerine getiremeyecekleri vaatlerde bulunan insanlara şimdi şöyle bir bakıyorum da hepsi yalnızca koca bir hiç. Herkes yalnızca bir hiç... Bu yüzden de tanıdığım çok ama kimsem yok. Zaten karnım da sırf laf olsun torba dolsun diye, "Yanındayım," diyenlerin yalanlarına tok. Bir süredir her şeyi ve herkesi kendi haline bırakmanın boş vermişliği var üzerimde. Saldım her şeyi.

**Bir zamanlar kaybetmekten korktuğumdun.**
**Şimdi de sen bensizlikten kork.**

## *Kimseyi Memnun Edemezsin*

Yaranamazsın kimseye. Ne yaparsan yap, hep bir memnuniyetsizlik, hep bir şikâyetle gelecekler kapına. Kendini başkalarını memnun etmek için yorma. Bırak seni hak etmeyen insanları, kendin için yaşa. Uğraşma boşuna. Yaptığın şeylere karşılık vermeyi bırak, teşekkür dahi etmeyecekler. Değer zaten bilmezler. Senden hep daha fazlasını isteyecekler çünkü nankörler. Yani diyeceğim o ki seni kaybetmekten korkmayan, senin için oturduğu yerden konuşmak dışında hiçbir şey yapmayan, sana değer vermeyen ve anlam taşımayan hiç kimse için çabalama. Memnun etmeye çalışma. Kendine bu haksızlığı yapma. Kim sana ne veriyorsa sen de onu ver. Fazlası yok. Bak ne güzel söylemiş William Shakespeare: "İnsanoğlu işte. Yağmuru seviyorum der, şemsiye açar. Güneşi seviyorum der, gölgeye kaçar. Rüzgârı seviyorum der, penceresini kapar."

Soruyorum sana canımın içi, vefasız insanlara fedakârlık yapsan neye yarar?

**Size Hz. Mevlâna'nın şu sözünü**
**hatırlatmakta fayda görüyorum:**
**"Uğraşma boşuna.**
**Seni ancak gördükleri ve duydukları**
**kadar anlayacaklar.**
**Gördükleri ancak kendi anladıkları olacak."**

## Yollar Gelmen İçin de Vardı

Gelip, gitmeyecekmiş gibi hissettirip, kendine alıştırıp bağladıktan sonra ortadan kaybolan insanlarla dolu geçmişim. Sevildiğini hisseden kim varsa ilk kavşaktan dönüp gitti. Kalbimdeki çaresizliği kimse gideremedi. Seven değil, seviyormuş gibi yapan kalplere kırgınım ben. "Gitmeyeceğim," diyen ve sonra ilk işi gitmek olan insanlara kırgınım. Biliyor musun sevgilim, yollar gitmen için değil, bana gelmen için de vardı. Sen hep gidendin... Ben de kalan. Acıyan. Kanayan. Ve sana kanan. Sen öğrettin yolun bana gelen tarafında severek vazgeçmeyi. Bir daha kimseye güvenmemem gerektiğini... ve sevmemeyi.

**En çok da değer verip çabaladıklarımızın sevmeyişleri acıttı bizi...**

# O İşler Öyle Olmuyor İşte

Can Yücel günün birinde, "Sevdiğin kadar sevilirsin," demiş. Sevdiği kadar seveleniniz var mı bilmiyorum ama ben hiçbir zaman sevdiğim kadar sevilmedim. Bırakın sevdiğim kadar sevilmeyi, hissettiğim duyguların karşılığını sanki sevdiğim insanlara kötülük yapıyormuşum gibi hep bir acıyla aldım. Oysa sevmekten başka hiçbir şey de yapmadım. Mesela kimsenin kaybetmekten korktuğu insan olmadım. Hep ben korktum kaybetmekten ve kaybettim. Aşkı iki kişiyle yaşadım. Ben daha çok seven taraftım. Bu zamana kadar sevdiği kadar sevileni de pek görmedim.

Bence sevdiğin kadar falan da sevilmezsin. Her zaman çabalayan, fedakârlık yapan, seven ve uğraşan sen olursun. O ne yapar? Hiçbir şey. O kadar şey yaparsın, karşılığını aldığın şey sadece koca bir hiçtir. Sen onun için serçe kadar küçük kalbine, gökyüzü kadar duygu sığdırırsın. O bunun değerini asla bilmez. İnsan diyorum, sevdiği kadar sevilmez.

**Seven bir kalp, sevilmese de kolay vazgeçmez.**
**Sevmenin en temel kuralıdır bu;**
**seven gitmez, gidemez.**

**Peyami Safa'nın "İyiler kaybetmez, kaybedilir," deyişi rahatlatıyor biraz beni.**

Beni sevmesen de zorladım bir miktar. Her seferinde bizi benim bağladığım yerden kesip atan sendin. Yaptığım onca şeyi görmezden gelen sendin. Üzüntünle üzülen, mutluluğunla sevinen, başarınla övünen bir insanı hiç eden de sendin. Seni karşıma alıp defalarca konuştum. Anlamış gibi yaptın ama sonuç yine aynı. Sen hep gittin. Bunlara rağmen senin her şeyini kabullenmiştim. Gelişini, gidişini, sevmeyişini ve beni görmezden gelişini... Her şeyini. Bir yerden sonra baktım ki olmuyor, bıraktım uğraşmayı. Baktım ki elimi taşın altına koyan yalnızca benim, vazgeçtim. Baktım ki görmüyorsun hiçbir şeyi, bizi ben de bitirdim ama rahat içim. Kendimi, "İyiler kaybetmez, kaybedilir," cümlesindeki rahatlığa teslim ettim. Kaybedeceğim bir şey yok benim. Sen beni kaybettin.

**Güven sorunumu,**
**kimseye güvenmeyerek çözdüğüm evreye geldim.**
**Dokunmayın bana, artık kendimleyim.**

**"Erkekler güzel kadınları sever;**
**ama kadınlar sevdiği erkekleri yakışıklı bulur."**
**William Golding**

Hepimiz biliyoruz ki güzellik göreceli bir kavram. Erkekler hayatına alacağı kadınların her zaman güzel olmasını isterler; ama bunun için ilk önce bir kadını güzel sevmeleri gerektiği gerçeğini bilmezler. Fakat kadınlar öyle değildir. Erkekler sonuç odaklı düşünürken, kadınlar daha çok detaya girerler; yani duyguya daha çok önem verirler.

Bir kadın bir adamı sevdiğinde, bütün erkeklere kör olur. Bir kadın seviyorsa bir adamı, hayatında en yakışıklı odur. Yani anlayacağınız William Golding çok haklı. Bir erkek sever güzel olanı. Bir kadın severse, güzel sever sevdiği adamı. Ona adar bütün duygularını.

**Kadınları üzmeyin.**
**Sonra erkeklerin perde takmaktan başka**
**bir işe yaramadığını düşünüyorlar.**

**Tolstoy, "Nasıl mutlu oluruz?" sorusunu, "Sahip olduğumuz şeylere sevinerek, sahip olmadıklarımıza üzülmeyerek," şeklinde cevaplar.**

Aldığımız nefes bile bize emanetken sahip olamadığımız şeylere canımızı sıkıp, elimizdekilerin değerini bilmiyoruz. Mutluluğa giden yol, aslında elimizdekilerin değerini bilip şükretmekten geçiyor, görmüyoruz. Bunca zaman, "Bir gün biz de mutlu olur muyuz?" sorusunu sorup durduk kendimize. Şöyle bir düşündüm de bence mutluluk sahip olmaya çalıştıklarımızda değil, sahip olduklarımızda. Vladimir Nabokov mutluluğun formülünü şu şekilde özetliyor: "Her şeyin en iyisine sahip olan değil, sahip olduğunun tadını çıkaran mutludur." Bakın William Shakespeare de mutsuzluğu şöyle özetliyor: "Sahip olmadıklarına ulaşmak için çabalarken, sahip olduklarını unuttuğun için mutsuzsun." Mutlu olmak da mutsuz olmak da tamamen bizim elimizde aslında. Formül çok basit anlayacağınız. Elimizdekilerin değerini bilip, sahip olduklarımızı unutmayıp şükredeceğiz. Sahip olamadıklarımıza can sıkmayacağız. Bu kadar.

**Bir kelebeğin ömrü kadar süren mutluluklarım var benim**

# Vazgeçtim Kendini Vazgeçilmez Zanneden İnsanlardan

Size hiçbir faydası olmayan, kuru kalabalık yapmaktan öteye geçemeyen insanlardan vazgeçmeyi bilin. Soruyorum size; ne mutluluğunuzu ne de bir acınızı sizinle paylaşan insanların hayatınızdaki yeri ve önemi ne? Anlamı ne? Hiçbir şey. Aksine, boş yere yük. Şöyle bir bakıyorum da ne gereksiz insanlar almışım hayatıma. Bana hiçbir şey katmayan, hiçbir faydası olmayan, yanında sadece güçlü olmak zorunda hissettiğim, kendimi korumak zorunda kaldığım ve en önemlisi hayatımda hiçbir anlam ifade etmeyecek, boşa zaman kaybı olan insanlar almışım. İnsan yanındayken evindeymiş gibi hissettiği, yanındayken güçlü hissetmek zorunda kalmadığı birine de ihtiyaç duyuyor çoğu zaman; fakat ben kurtuldum artık bu hastalıktan. Vazgeçtim kendisini vazgeçilmez zanneden insanlardan. Kendisini Kafdağı'nda sananlardan... Ve hiçbir anlam taşımayanlardan... Kurtuldum o gereksiz yükten. Hayatımın hiçbir anına ortak olmayıp, bir de üstüne yüzsüz gibi, "Hiç arayıp sormuyorsun," diyenlerden. Unutmayın; dört tane yirmi beş kuruş da bir lira eder. Bir tane bir lira da... Az olsun, öz olsun. Olması gereken sizinle olsun. Diğerlerinin yolu açık olsun.

**Kalbinizdeki sevgi açlığını**
**sevmeyi bilen insanlar doyursun.**

# Korkmuyorum Beni Hak Etmeyenleri Kaybetmekten

Yoruldum artık sadece fedakârlıklarımla yürüyen ilişkilerden, yüzüme, "Bitti artık," deme cesareti gösterilmeyen gidişlerden ve ardında kötü niyet saklayan gülüşlerden, yoruldum. Sevgiden başka hiçbir düş kuramayan, istese de insanlara karşı kötü olamayan ve neye mal olursa olsun, asla doğru bildiği yolundan hiç ayrılmayan ben. Evet, kabul ediyorum, tanıyamıyorum artık insanları. Artık affedemiyorum bana yapılanları. Şimdilerde adına yalnızlık denilen duvarlarım var benim. Yarım kalan hayallerim ve dilimden hiç düşmeyen dualarım var. Kendime sarılmayı öğrendiğim günden bu yana, artık hiç kimsenin kahrını ve nazını çekmiyorum. Korkmuyorum beni hak etmeyenleri kaybetmekten. Bağlamaya çalışmıyorum artık bir şeyleri koptuğu yerden. Kim neye layıksa, onun peşinden gitsin. Gözü yolda olana, kal demek boşuna. Yoramam kendimi değmeyecek insanlara. Yazık bana da.

Değer verip değersiz olmak istemiyorum. Sevip sevilmeyen olmak istemiyorum. Siz buna duygusuzluk deyin, ben kendi halinde olmak diyorum. Ben halimden memnunum. Davranışa yansıtılmayan ve yaşatılmayan sevgilerde olmaktansa kendi yalnızlığımda boğulurum.

**Beni kaybetmekten korkmayandan ben vazgeçiyorum.**

**"Bencillik göze takılmış ayna gibidir.**
**O gözler nereye bakarsa baksın,**
**kendinden başkasını görmez."**
**Hz. Mevlâna**

Herkesin bir yolu var. Düşündüğü ve savunduğu bir gerçeği var. Kimse bir an olsun karşısındaki insanı anlamaya çalışmıyor. Bildiği bir şeyleri var ya herkesin, kimse ondan şaşmıyor. Kim neyi anlamak istiyorsa onu anlıyor. Kim neyi görmek istiyorsa onu görüyor, kim neyi duymak istiyorsa ona kulak veriyor. Yani kısaca herkes işine geldiği gibi davranıyor. Herkes almış eline bir saz, kendi türküsünü söylüyor. Önceden hem kendisine hem de bana haksızlık yapan insanlara verdiğim birtakım savaşlarım vardı benim. Doğrusunu bildiğim şeyleri insanlara anlatmaya çalışırdım. "Bak o öyle değil de böyle. Sandığın gibi değil, aslında gerçeği böyle," diye insanlara bir şeyleri anlatmaya çalışırken kendime büyük bir haksızlık yaptığımı fark ettim. O an anladım kimseyi doğru bildiği yanlışlardan döndürmeye çalışmamam gerektiğini. Birilerine bir şeyleri anlatmaya çalışırken dilimde biten tüye dahi yazık olduğunu. Herkesi kendi haline bırakmam gerektiğini. O an anladım. Artık hiç kimseye bir şey anlatmaya çalışmıyorum. Kim ne hali varsa görsün. Herkesi kendi haline bırakıyorum.

Olaylara her zaman yalnızca kendi penceresinden bakan, dinlemeyen, anlamayan, anlamaya çalışmayan, hiçbir zaman kendisine toz dahi kondurmayan, sabit fikirli, her şeyde kendini haklı gören, özür dilemek nedir bilmeyen yani kısaca benmerkezci insanlara tahammülüm yok. Bu tip insanlardan nefret ettiğim kadar nefret etmedim hiçbir şeyden. Böyle insanları bırakın hayatınıza almayı, size ördüğü o kalın duvarları ve önyargılarını yıkmaya çalışmayın. Bir umut belki bir şeyleri anlar diye nefesinizi yorup kendinizi yıpratmayın. Anlamazlar. Anlamayı bilmeyen insana oturup neyi anlatacaksın? Anlatmayın. İçinize atın ve gerekirse içinize ata ata çatlayın. En azından, "Anlatmaya çalıştım ama anlaşılmadım," demezsiniz.

**Her şeyi göze almak ve**
**gözden çıkarmak arasındaki ince çizgideyim.**
**Siz bunun ne demek olduğunu bilemezsiniz.**

**"Dünya hassas kalpler için bir cehennemdir."**
**Goethe**

Duygusal olmamın bedelini her zaman ağır ödedim. Hayatımın her anında duygularımla hareket ettim. Kendime çoğu zaman, "Mantık mı? Duygular mı?" diye soracak fırsatım oldu. Hiçbir zaman mantığı seçmedim. Kaybedeceğimi bilsem de her zaman, "Duygularım," dedim. İşte bu yüzden kaybeden her defasında bendim; çünkü güzel sevdim. Hiç kimseye kötülükle gitmedim. Gidebileceğim herkese iyilikle gittim. Kalın kafalı insanlar için her zaman ince düşünen de bendim. Herkesi kendim gibi zannettim. İşte acıyı tam olarak da burada hissettim.

Ben bütün iyi niyetimi, insanlara iyilikle gittiğim yolda tükettim. Dünya ve insanlar hassas kalpler için kor ateşli bir cehennemmiş. Çok sonra fark ettim.

**Sabahattin Ali ne de güzel özetlemiş:**
**"Bana ne kadar kötülük yapılırsa yapılsın,**
**kimseye saygısızca gitmedim.**
**Aram bozuk olsa bile birinin bana ihtiyacı olsa,**
**hiç düşünmeden giderim ama görüyorum ki**
**saygının sevginin hatta şefkatin bile iyileştiremeyeceği**
**insanlar var."**

## Sen Beni Hak Etmiyorsun

"O seni hak etmiyor," diyenlere zamanında kulak vermemenin üzüntüsünü yaşıyorum. Senin yüzünden o insanların yüzüne bakamıyorum. Senin beni hak etmediğine bir ben inanmamıştım biliyor musun? "Hayır," dedim, "o benim her şeyimi hak ediyor." Ne yaparsam yapayım sana olan sevgime yenik düştüğüm için ve beni hak ettiğini düşündüğüm için yaptım. Ne kadar acırsam acıyayım, bütün kırgınlıklarımın üstüne sana olan sevgimi bastırdım. Beni hak etmediğini söyleyen herkese sağırdım. Hiçbirini duymamıştım.

Beni hak etmediğin gerçeğinden hep kaçtım. Ben ne kadar kaçarsam kaçayım, sen bunu benim karşıma çıkardın. Canımı iliklerime kadar yaktın. Seni seven bir kalbin ahını aldın. Beddua etmiyorum. Fazlasında da gözüm yok. Yaşattığını sen de yaşayasın.

**Canımın acısını ne de güzel özetlemiş Neşet Ertaş:**
**"Seni ilelebet benimsin sandım..."**[11]

## İnsan İnsana Her Zaman Muhtaçtır

Hayatın her bölümünde ve her anında insan insana her zaman lazım... Aynı hayatı paylaşıyoruz, hemen hemen aynı sorunlarla boğuşuyoruz ve hepimiz aynı yolun yolcusuyuz. Ne yaptığımız iş ne bulunduğumuz konum ve ne de cebimizdeki paranın çokluğu bizi birbirimizden ayırabilir. Bu yüzden kimseye kibirlenmeyin. Kimseye tepeden bakmayın. Paranızın çok olması, maddi durumunuzun diğer insanlara göre çok daha iyi olması kibirleneceğiniz, küçük dağları ben yarattım havalarına gireceğiniz anlamına gelmiyor.

Muhsin Ünlü bir cümlesinde şöyle diyor: "İnsan acizdir, muhtaçtır, çok artistlik yapmamalıdır." Size bununla ilgili *Mesnevi*'de yer alan bir hikâyeden bahsetmek istiyorum.

Bir gün bir gramer bilgini seyahat amacıyla gemiye biner. Bu adam kendini çok beğenmiş biridir. Kendinden başka kimseyi beğenmez. O an gemideki gemiciyi de küçümseyerek ve basit bir adam sanarak ona şöyle bir soru sorar:

"Sen hiç gramer okudun mu?"

Gemicinin doğal olarak bütün ömrü denizlerde geçmiştir. Yalnızca mesleğiyle alakalı bilgilere sahiptir. Kendisi için bu meslekte faydası olmayacak bir bilgeye hiç ihtiyacı yoktur.

"Hayır, okumadım," diye cevap verir.

"Öyleyse," der bilgin, "senin yarı ömrün boşuna geçmiştir."

Gemici bu sözlerden çok incinir. Kalbi kırılır. Gramer bilgini, onu bilgisizlikle suçlayarak aşağılasa da gemici susar ve hiçbir cevap vermez.

Derken bir süre sonra rüzgâr gemiyi bir girdaba düşürür. Gemici aradığı fırsatı yakalamıştır. Bilgine seslenir:

"Yüzme bilir misin?"

Bu soruyu gramer bilgini şöyle cevaplar:

"Bilmem, benim böyle bir yeteneğim yok."

"Öyleyse," der gemici, "şimdi senin bütün ömrün boşa gitti; çünkü gemi birazdan batacak. Seni gramer bilgin kurtarsın bakalım. Nasıl kurtaracaksa..."

## *Kimse Vazgeçilmez Değil*

Bir insan sen olmadan da hayatına devam etmeyi göze alabiliyorsa, seni hiçbir şekilde tanımamış ve hayatına almamış gibi önüne bakabiliyorsa, sen de bakabilirsin. Kimsenin yasını tutmak zorunda da değilsin. "İyi de öyle olmuyor o işler," deme, yoksa böyle daha çok üzüleceksin. Sensizliği göze alanı gözden çıkar. Seni kestirip atanı bağlamaya çalışma.

Yapmak zorunda olmadığınız şeyleri kimse için yapmayın. Bırakın, kim nerede nasıl mutluysa öyle kalsın. Onlar başkalarında dinlenirken, siz kendinizi değmeyecek insanlar için yormayın.

Kimseye hak ettiğinden fazlasını vermeyin. Unutmayın, onlar siz olmadan da yapabiliyorsa, siz de yapabilirsiniz. Kimse kendini vazgeçilmez sanmasın. İnsanın dolduğu ve bir yerden sonra kendinden bile vazgeçtiği bir nokta var. Kimse bunu unutmasın.

**Frida Kahlo demiş ki:**
**"Uğraşarak düzeltemediğinden,**
**vazgeçerek kurtulursun."**

## Seni Vicdanın Affetsin

Seni vicdanın affetsin diyeceğim de, olmayan bir vicdanın affına nasıl sığınırsın, olmayan bir vicdan seni nasıl affeder bilmiyorum. Vicdan sahibi bir insan olsaydın seni bu kadar güzel ve özel seven bir insanı incitmezdin. Kaybetmek ve kendinden soğutmak için bu kadar uğraşmazdın. Kırmazdın, yormazdın, yıpratmazdın. Senin için hiçbir zaman önemi olmayacak şeylerin bende hayati önemi vardı. Neden mi? Çünkü içinde sen vardın. İçinde sen olan her şeyi sevdim ben. Karşılığını da en ağır şekilde alıyorum. Yıldız Tilbe diyor ya hani: "Vazgeçtim yana yana, seni sevmeyi ağır ödüyorum..."[12]

**Bir gün kırılırsa kalbin, incitirlerse seni,**
**vururlarsa en zayıf yerinden, beni hatırla.**
**Bir gün sen de bana yaşatmıştın bunları.**
**O an geleceğim aklına.**

## Bir Gün Hayatına Öyle Biri Girsin ki...

Sana, "Tüm çektiklerime değdi," dedirtsin. Mutluklukların kadar acılarını da sevsin. Kaybettiğin tüm umutlarını sana geri versin. Sana senin sevdiğinden çok sevdiğini hissettirsin. Sevdiğine, güvendiğine seni hiçbir zaman pişman etmesin. Senden hiçbir zaman gitmesin.

Ama, "Yok öyle biri," deme sakın. Unutma ki ne düşünürsen kendine onu çekersin ve yine unutma ki sen, umutların, iyi niyetlerin ve her şeye rağmen doğru bildiğin yolundan hiç ayrılmayan o dik duruşunla güzelsin. Sabret ve bekle. Sabrının karşılığında beklediğin ve el açıp dua ettiğin her şeyin karşılığını yakında göreceksin. Bir zamanlar kendini üzdüğün olaylara gün gelecek, "Ben canımı buna mı sıkmışım?" diyerek kendine güleceksin.

**Yan ve dayan.**
**Kimse seni duymasa da, biri var seni duyan.**
**Bir gün senin de çiçeklerin açacak.**
**Sen yeter ki O'na inan. Dayan, mucizeler yolda.**

## Nasip Kendini Belli Eder, Acaba Dedirtmez

Bembeyaz bir kâğıt düşün, o sensin. Elinde de yazmayan bir kalem, o da insanlar. İşte bazı insanlar yazmayan o kaleme benzer. Yazması için ne kadar zorlarsan kâğıda o kadar zarar verirsin.

Yani sana. Bembeyaz bir kâğıt üzerine anlamı olmayan izler bırakmanın manası yok. Yazası yoksa bırak, yazmasın o kalem. Güzel hikâyeler yazacağın bir kâğıdı neden yazmak istemeyen bir kalemin saçma sapan izleriyle doldurasın ki? Boş kalsın daha iyi. Zamanı gelince senin hikâyen, en güzel kalem tarafından, en güzel yazıyla zaten yazılır, sabret.

Yazmayan kalemin kapağını kapat ve çöpe at. Hak ettiği yerin çöplük olduğunu bildiğin halde kendi canını yakmaya çalışma. Kimsenin varlığını kendi varlığından önemli kılma. Sevgi zorla olmaz. İnsanın içinde olur. Kalbinde olur. Yüreğinde olur. Lakin bunların hiçbiri yoksa o insandan medet umma; çünkü en çok kalbi olmayan insan zarar verir sana. Mevlâna'nın şu sözü de küpe olsun kulağına:

**"Kahverengi dallardan pembe çiçekler açtığına göre, ümitsizliğe gerek yok."**

# Sen Artık Bana Sarılsan da Beni Acıtırsın

Senin sevgi anlayışın senin için yaptıklarımı görmezden gelmekse beni sevme. Senin sevgi anlayışın en ufak bir sorunda kapıya yönelmekse beni sevme. Senin sevgi anlayışın sadece beni sevdiğini söyleyip hissettirmemekse beni sevme. Senin sevgi anlayışın beni üzüp hiçbir şey olmamış gibi davranmaksa beni sevme. Senin sevgi anlayışın bağlamaya çalıştığım yerden bizi koparmaya çalışmaksa beni sevme. Senin sevgi anlayışın baktığım her yerde seni görürken, ben yokmuşum gibi davranmaksa beni sevme. Senin sevgi anlayışın yerime başkasını koymaksa sen beni sevme. Senin sevgi anlayışın ben sana koşarken senin bana bir adım atmaya zorlanmansa beni sevme.

Sen benim ne kadar çabalarsam çabalayayım, hiçbir şeyin değişmeyeceğini gördüğüm o ansın. Seviyorum dersin ama yine en büyük yıkımları bana sen yaşatırsın. Sen artık bana sarılsan da beni acıtırsın.

**Gelme, yine yarım bırakırsın.**

# Benden Değerli Değilsin

Ben biraz da ağaçtaki bir yaprağa benzetirim insanları. Ağacı sallamaya çalıştığınızda ya da rüzgârlı bir havada bazı yaprakların yere döküldüğünü görürsünüz. İşte onlar güçsüz insanlardır. Arkadaşlar hayat zor, insanlar kötü. Bunu hepimiz biliyoruz ama bu pes edeceğimiz anlamına gelmiyor. Herkesin ayakları altında ezilecek de değiliz. Fırtınalı günler de olacak ama dalımızdan kopmamayı da bileceğiz. Düşen yaprağa basması kolay olur. Kolaysa bir acı ya da birileri gelip sizi dalınızdan koparsın bakalım. Güçlü olun. Güçsüz olursanız da güçlü gibi görünün; çünkü bazıları sizin güçsüzlüğünüzden güç alır.

Biraz klasik bir cümle olacak ama bu hayatta hiçbir şey senden değerli değil. Bunu anlaman için gecenin bir saati yatağın ucuna geçip gözyaşı dökmen gerekmiyor. Bir acıyı iliklerine kadar hissedip, bir şeyler için pişman olman da gerekmiyor. İnsanların gamsızlığını görmen fazlasıyla yeterli bence. Aç artık gözlerini. Fark et kimseye kendinden çok değer vermemen gerektiğini. Kim dert ediyor senin derdini? Kim, hangi acına ortak oluyor, mutsuzluğunu paylaşıyor? Mutluluğuna dahi ortak olan yok. Hayat devam ediyor. Herkesin bir telaşı, varmak istediği bir yer, ulaşmak istediği bir amacı var. Bunca kargaşanın içinde kimse gelip, yanına oturup, "Anlat, dinliyorum," demiyor. Kimse senin mutsuzluğuna ortak olmuyor. Herkes kendini düşünüyor. Sen de kendini düşün çünkü üzüldüğünde kimse senden daha çok üzülmüyor. Bakın Peyami Safa ne diyor: "Mutlu ol; çünkü kimse senin üzgün olmanı umursamıyor."

## *Her İnsan Yanıltır*

Önceden tanıyıp güvendiğim insanların bana zarar vermeyeceğini düşündüğüm bir zaman dilimi vardı. Sırf tanıyorum diye bana zararı dokunmaz dediğim insanlara duygularımı, düşüncelerimi ve kalbimi emanet ettiğim bir dönem vardı. Şimdi rafa kalktı. Neden mi? Herkesin her şeyi kolayca, bir an olsun sonucunu düşünmeden yaptığına o kadar şahit oldum ki, bu gözlerimi açtı. "O öyle bir şey yapmaz," dediğim herkes o şeyi yaptı. "Ondan bana zarar gelmez," dediklerim bana en büyük zarardı. Beni en çok tanıdıklarım yanılttı ve bana en büyük acıları güvendiklerim yaşattı. Bu yüzden şu an tanıdıklarımın tanımadıklarımdan bir farkı kalmadı. Herkes gözümde aynı...

**Küçük İskender'in şu sözüne aç kulağını:**
**"Hiçbir zaman, 'Ben onu çok iyi tanıyorum,'**
**dememek lazım.**
**Her insan yanıltır."**

**"Geçmiş tozdur, üfle gitsin."[13]**
**Stefano D'Anna**

Hayat kısa canımın içi. Şu üç günlük dünyanın iki gününü geçmişi düşünerek geçiriyorsun. Yaşadıklarını hatırlıyorsun. Kendini anlamı olmayan olaylarla, insanlarla yoruyorsun. Yapma. "Geçmişini unut," diyemem; fakat hatırlama. Şimdi bana, "İyi de öyle kolay olmuyor işte," diyeceğini biliyorum. Peki soruyorum, geçmişi düşünerek yaşamayı unuttuğun ve haksızlık ettiğin bugününü kim verecek sana? Kimse. Bu yüzden kendine ve yaşadığın bugününe daha fazla haksızlık yapma. Bak herkes mutlu, devam ediyor yoluna. Dünü düşünme, geri gelmeyecek. Odaklan bugününe ve yarınlara. Sımsıkı sarıl onlara. Bundan yıllar sonra pişman olacaksın yapmadıklarına. Neden yılların çöpe gitsin? Neden yıllar sonra bir şeyleri fark edeceğine şu an etmeyesin? Geçmişi düşünüp duracağına yaşadığın bugünün değerini bilmelisin. Dünyaya bir daha gelmeyeceksin.

**Sevdiğim bir Murathan Mungan sözüdür:**
**"Sürekli geçmişe dönüp bakarsan boynun tutulur."**

## Kimseden Hayır Yok

Şöyle bir düşünüyorum da, bu zamana kadar yaralarımı hep kendim sarmışım.

Ne zaman düşsem kendi elime yine kendim uzanmışım.

Bir şey olduğunda yanımda olmasına ihtiyaç duyduklarıma değil, kendime yaslanmışım.

O kadar çok yalan duydu ki kulaklarım, o kadar yarım bırakılmış ki umutlarım, o kadar zarar görmüş ki duygularım; bu yüzden bir yerden sonra sadece kendime inanmışım.

Sonra demişim ki kendi kendime:

"Kimseden bana hayır yokmuş. Bana en çok kendim lazımmışım."

**Kendine iyi bak.**
**Bir gün herkes gidecek,**
**seni yine sen toplayacaksın.**

## Senden Alan Değil, Sana Bir Şeyler Katan İnsanlar Olsun Hayatında

Varlığı ile yokluğu bir olan insanlar, kapalı dükkâna kira ödemek gibidir. Size hiçbir şey katmazlar ama sizi öyle bir sömürürler ki kendinize dahi yetemeyecek duruma gelirsiniz. Sizden almaya gelince timsah gözyaşları dökerek istediklerini elde ederler. Konu size bir şey katmaya geldiğinde ortadan kaybolurlar. Sadece var olmak için insanın hayatında yer kaplamaktan başka bir şey yapmayan, maddi demiyorum, manevi yönden hiçbir katkısı olmayan insanları silin süpürün hayatınızdan. Her zaman size her konuda bir şeyler katan insanlar olsun hayatınızda. En basitinden okuduğu altı çizili cümlelerin olduğu bir kitabı size hediye eden insanlar olsun. Size bir şiir armağan eden insanlar olsun. Gözlerine baktığınızda berrak bir su gibi içini de görebileceğiniz insanlar olsun. Kendinden emin, size hiçbir zaman acaba dedirtmeyen, kuşkuya düşürtmeyen ve hiçbir konuda şüphe ettirmeyen insanlar olsun. Varlığıyla ve yokluğuyla yormayan insanlar olsun. Hadi diyelim ki bir şekilde yordu, yorduğu gibi dinlendirmeyi de bilen insanlar olsun.

**Yolunuz daima yolunuzu güzelleştirecek insanlara çıksın.**

## Bundan Sonra Böyle

Bundan sonra böyle. Eski beni çok özleyeceksiniz. Bundan sonra beni üzene üzüntüyle, beni mutlu edene mutlulukla gideceğim. Yok öyle artık eskisi gibi tek başıma kendimi yıpratmalarım, yormalarım. Eskidenmiş o. Tek başıma çabalamak, uğraşmak ve sevmek bana hiçbir şey kazandırmadı. Aksine beni daha çok acıttı. Artık böyle değil. Bendeki yerinizi kendiniz belirleyeceksiniz. Bana nasıl davranırsanız ben de size öyle davranacağım. Kim neyi hak ediyorsa onu vereceğim. Üzüldüğümde benden daha çok üzülmeyecek insanlar için kendimi yoramam. Beni kestirip atanı kendime bağlamak için uğraşamam. Gitmek isteyenin ayağının altına asfalt dökerim, rahat yol almasını sağlarım. Kalmak isteyeni hayatımda tutarım. Değmeyecek insanlar için artık kendimi yoramam.

**Limanım sandığım insanlarda dibe battım.**
**Ben artık kendimden başka kimseye sığınmam.**

## Sevmemek İçin Bahaneler Değil, Sevmek İçin Sebepler Aradım

Sevmek için her zaman ufak şeyler yetmiştir bana. Hiçbir zaman sevmekten kaçmadım. Sevmemek için bahaneler aramadım. Kimseye hissetmediğim cümleleri kurmadım. Hiçbir şey hissetmediğim insanlara boş yere umut verip kimseyi ortada da bırakmadım. Kendimi başkalarına olmadığım biriymişim gibi hiç anlatmadım. Kime ne hissediyorsam, kim hakkında ne düşünüyorsam ona öyle adım attım. Sevmemek için bahaneler değil, sevmek için sebepler aradım. Belki bütün bunların karşılığını büyük acılarla aldım ama çabaladım. Kimse bana çabalamadı diyemez, sonuna kadar çabaladım. Vicdanım ve ben rahatım. Diyeceğim o ki sevmek için sebep çok. Çay bardağını tutuşunu seversin. Okuduğu bir kitapta altını çizdiği cümleyi seversin. Bir kedinin başını okşayışını seversin. Seversin de seversin. Dediğim gibi, sevmek için sebep çok. Yeter ki isteyesin. Sen yeter ki kalbini ortaya koy. Değerini bilmeyen arkanda kalsın. Seni sadece kıymetini bilenler sevsin.

**Sevdiği için her türlü fedakârlık yapan insanlara,**
**hiç kimse, "Çabalamadın," diyemez.**

## Vicdanın Rahat Olsun, Gerisi Hallolur

Hemen hemen hepinizin, "Benim vicdanım rahat," dediğini duyar gibiyim. Size bir şey söyleyeyim mi; bir şeyler olmasa da insanın üzerine düşeni yapıp köşesine çekilmesi ve, "Benim vicdanım rahat," diyebilmesi o kadar güzel bir haz ki hiçbir şeye değişilmez, değişmem.

Bu zamana kadar kimi hayatıma aldıysam, olup olmayacağını düşündüğüm her kim ve her ne varsa hepsi için, her şey için sonuna kadar çabaladım, gittim. Oldu ya da olmadı hiç önemli değil. Bir Allah'ın kulu karşıma geçip bana, "Çabalamadın," diyemez. Bunu kimseye dedirtmeyecek kadar sıkı tuttum ipin ucunu; çünkü ben, hiç kimsenin karşıma geçip, "Çabalamadın," diyemeyeceği kadar çabaladım onlar için. Değdiler ya da değmediler, bunu bilemem; ama ben çabaladım, bilsinler. Bu onlara yeter.

**Ben üzerime düşeni yaptım diyebilmek,**
**insanı huzura teslim eder.**

# Ben Kendime Yetiyorum

Kimsenin anlamayacağını bildiğim için kimseye bir şey anlatmıyorum. Kalbi sevgi görmemiş insanları sevmeye çalışmıyorum. Gitmek için gelenleri hayatıma almıyorum. Konuşmak için konuşan insanlara içimi açmıyorum. Siz buna ne dersiniz bilmiyorum ama ben kendi köşeme çekilmek diyorum. Kimseye ihtiyacım yok, ben kendime yetiyorum.

Hayat zor, insanlar karaktersiz ve ben çok yalnızım. Ama şikâyet ettiğim bir yalnızlık da değil bu. Tamamen kendi tercihim. Bu durumdan asla şikâyetçi de değilim. Aksine, böyle daha iyiyim. Sürekli, "Acaba beni gerçekten seviyor mu? Bana baktığı gözle başkasına da bakıyor mu? Bana verdiği umutları başkasına da veriyor mu?" kaygılarımdan ve bütün şüphelerimden uzağım. Böyle iyiyiz; ben ve yalnızlığım. Gelip beni kendine alıştırıp iki gün sonra beni sevgimle, verdiğim onca emeğimle, ortaya koyduğum kalbimle bırakıp gidecek insanları hayatıma almıyorum. Olabildiğince her şeyden, herkesten kaçıyorum. Yalnızlık Allah'a mahsus ama kullarına da inanmıyorum. Bu yüzden yalan sevgilere, sahte samimiyetlere değil, bana hiçbir zararı olmayan ve olmayacak yalnızlığıma sığınıyorum.

**Siz, "seni seviyorumculuk" oynamaya devam edin, ben sizi izliyorum.**

## Kedilere Çok Yükleniyorsunuz

Kedileri bilmem ama insanlar gerçekten çok nankör. Hatta kedilerin nankörlüğü insanların nankörlüğünün yanında daha masum kalır. Birisi için bir şey yapsan neden yaptın olur. Yapmasan neden yapmadın olur, ilgisiz olursun. Sana bir sır vereyim mi, kimse için bir şey yapmayacaksın; çünkü kimse en ufak çabana değmiyor. Hak etmiyor. Olan sana oluyor. Fedakârlıklarına oluyor. Bazı şeyleri insan çok sonra anlıyor. Sonra aynanın karşısına geçip, "Ben bunun için mi çabaladım?" diyor...

Aslında suç onlarda değil. Suç bizde. Onları şımartan ve kendilerini vazgeçilmez zannettiren biziz. Yapmayacaksın kimse için bir şey. Hani, "Sevilmeden sevmeyin, dağılırsınız," sözü var ya, çok doğru. Kim söylemişse doğru söylemiş. Yanımızda olmak isteyen zaten kendini belli eder. Yeterince dağıldık zaten bu zamana kadar. Artık yeter.

**Kedilere nankör diyenler,**
**iyilik yaptığım insanlar daha beter.**

# Bir İnsan Seviyorum Deyip Neden Gider?

Arkadaşlar, gerçekten seven bir insanın gidebileceğini aklınız alabiliyor mu? Her zaman söylerim, yine söylüyorum; seven her türlü kalır. İkinin iki daha dört ettiği nasıl evrensel bir gerçekse, bu da öyle bir gerçek... Sizi sevmeyen insanlar sizden gittiklerinde acaba ben mi bir şey yaptım, acaba suç bende mi diye düşünmeyin. Kendinizi böyle insanlar için üzmeyin. Bazı insanların gidişi, yeni bir doğuştur insana.

En ufak pürüzde gitmek için kapıya yönelen değil, sorunların içinde sizinle çözüm arayan insanlar olsun hayatınızda. Peki, bir insan neden gider? Bu sorunun kesinlikle iki cevabı olduğunu düşünüyorum: Birincisi, daha önce de dediğim gibi, sevmiyordur. İkincisiyse bir başkası daha cazip gelmiştir. Kimse sizin yerinize koyacak bir başkasını bulmadan sizden gitmeyi göze almaz. Özellikle sevmeyi bilmeyenler. Sürücü gibidir bu tipler. Yedek lastiksiz yola çıkmazlar. Sizin yokluğunuz falan alakadar etmez onları. Böyleleri için karalar bağlayıp o tatlı canınızı sıkmamalısınız. Değmez. Seven insanı kaybetmenin kitabını yazan tipler bunlar. Onların yalan duygularına satır olmanızın gereği yok. Emin olun gerçek sevgi kendisini her türlü belli ediyor. Sizi kaybetmeyi ve sizsizliği kendisine yakıştıran herkese yol verin; çünkü bazıları kendilerine yol verilmesini, güzel bir kalp verilmesinden daha çok sever.

**Gidene yol yakışır, kalana aşk...**

## Giden Geri Gelir mi?

Gitmesini istemediğiniz insanlar kendilerince ürettiği bahanelerle sizden gittikleri zaman geri gelmelerini beklemeyin. Gittikleri an kapıyı kapatın arkalarından. Hatta kilidi de değiştirin ki içeri bir daha girip istedikleri gibi dağıtarak yeniden size aynı acıları ve yıkımları yaşatmasınlar. Bir insan sizden bir defa gittiyse bu eylemi alışkanlık haline getirecektir. Bu kozu ona verip vermemek de sizin elinizde.

Hep söylerim, yine söylüyorum; gitmeyi kafasına koymuş insanı durduramazsınız. Zaten durdurmaya da çalışmamalısınız. Diyelim ki gitti, geri geldiğinde asla ama asla kabul etmemelisiniz. Canları istediğinde gidecekler, canları istediğinde geri gelecekler. Keyiflerine göre hareket edip sizin bir an olsun ne hissettiğinizi düşünmeyecekler. Siz de onlara sevdiğiniz için izin vereceksiniz. Kesinlikle kimseye böyle bir müsamaha göstermeyin. Giden gitsin, kalmak isteyen kendini zaten size belli eder. İnsanın kendisine bir saygısı olmalı. Gurur demiyorum bakın, insanın kendisine olan saygısı diyorum. Ben bu hayatta insanın en büyük zenginliklerinden birinin kendisine olan saygısı olduğunu düşünüyorum. Bir insan kendisine olan saygısını kaybederse hayatta her şeyi kaybeder. O yüzden gidene yol verin, geri gelmek isteyene izin vermeyin. Bir umutla, "Giden geri gelir mi?" diye bekleyeceğinize, "Giden geri gelse de ben kabul etmem, kimse kendime olan saygımdan büyük değil," deyin.

**En çok nerede yanıldınız?**
**Ben, gitmez zannettiklerim gittiğinde.**

## İnsan, Tecrübelerinin Tamamıdır

Sen onun her anında yanında oldun. Mutluluğunda, acısında, hüznünde; kısacası her şeyini onunla paylaştın. Onun gözlerinin alabildiği her yerde olmaya çalıştın. Onu başkaları üzdü, yine sen yanındaydın. Düştü, ayağa kaldırmaya çalıştın. Onu toparlamak adına her şeyi yaptın. Bir insan, bir insana toparlanması için ne kadar çaba gösterebilirse o kadar çabaladın. Belki yaptıklarının değeri bilinmedi ama sen o yolun doğru olmadığını bildiğin halde yürümekten vazgeçmedin.

Hem de hak edip etmediğini bir an olsun düşünmeden. Sadece o an istiyorsun diye ona hissettiğin duygu seline kapılıp onun için her şeyi yaptın. O ne yaptı? Ayağa kalkınca seni hatırlamadı. İyileşince seni tanımadı. Yaptığın onca şeyi, verdiğin mücadeleyi görmezden geldi. Zaten hangisi yaptıklarının ve sunduğun sevginin değerini bildi ki? Hiçbiri. Değer sandıkların, hiçbir şeye değmedi. Bu da bir başkasının seni seveceğine olan inancını bitirdi. Kalbini ortaya koyarak seven herkes kaybetti.

**Bir daha kimseye kolay kolay güvenemeyecek olmamın geçerli sebepleri var.**

**"Kolun mu kırıldı?**
**Üzülme, belki Allah sana kanat verecek."**
**Hz. Mevlâna**

Şikâyetçi olduğun hayatına şöyle bir bak. Aldığın nefes bile geçiciyken, içinden çıkamam diye düşündüğün dertlerinin kalıcı olduğunu mu sanıyorsun? İnan bana geçmez denilen her şey geçiyor. Bitmez dedikleri bitiyor ve hayat her şekilde yine de devam ediyor. Sağlığın yerinde mi? Aldığın nefesi verebiliyor musun? Bence bunlar şükretmen ve yaşadığın hayatın değerini bilmen için yeterli sebepler. Bakın Necip Fazıl Kısakürek insana hayatın değerini hatırlatan bir sözünde ne diyor: "Çok sıkıldıysan hayattan, bir mezarlığa git. Ölüler iyi bilir; yaşamak güzeldir." Şahsen benim yaşamaktan bunaldığım zamanlar bir mezarlığa gidip hayatımın değerini anladığım çok günlerim oldu. Eğer siz de yaşadığınız hayattan bunalıp sıkılırsanız bir mezarlığa gidin. Gerçekten hayatın önemini ve değerini anlıyorsunuz. Şükretmeyi öğreniyorsunuz. Unutmayın ki ölümden başka her şeye çare var. Aldığınız nefesin her saniyesinin değerini bilin.

**Hayatımla arama aldığım gereksiz insanlar yüzünden en çok kendimden özür dilerim.**
**Bundan sonra kimseyi kendimden daha çok sevmeyeceğim.**

## *Biraz da Kendin İçin Yaşa*

Artık hayatını biraz da kendin için yaşasan diyorum. Zaman çok çabuk geçiyor ve şu an aldığın nefesin değerini bilsen diyorum. Gereksiz insanlara değer vermeyi, onlara kendilerini vazgeçilmez hissettirmeyi, yanlış insanlara güvenmeyi, selam dahi vermeni hak etmeyen insanları hayatına almayı bıraksan diyorum. Karaktersizliği kendine karakter edinmiş insanların doğru insan olup olmadıklarına emin olmak için çabalamayı da bıraksan diyorum.

Bu zamana kadar hep birilerini memnun etmek için yaşadın. Daima birileri mutlu olsun diye uğraştın. Arkadaşların, ailen, sevgilin... "Herkes mutlu olsun da gerekirse ben olmam," dedin.

Artık yeter. Yaşadığın bugünün tekrarı yok. Bu hayatta senden bir tane daha yok. Kendi mutluluğunu yarınlara erteleye erteleye kendi yaşantından çalıyorsun. Umutla baktığın yarınlar hayatından biraz daha alıyor, görmüyorsun. "O ne der, bu ne der," diye yaşamayı da derhal bırakıyorsun. Sen bu hayatı insanların düşündüklerine ya da söyleyeceklerine göre yaşamıyorsun. Artık biraz da kendin için yaşa; çünkü bu hayata bir daha gelmiyorsun.

**Kimsenin senden değerli olmadığını**
**anladığın bir evre var;**
**hiçbir şeye aldırmıyorsun.**

# Önyargılar Üzerine

"Önyargı, arı soktu diye bal yememektir," demiş Doğan Cüceloğlu. Bu hayatta herkesin bir hikâyesi vardır. Kimseyi tanımadan yargılamayın. Genellikle daha önceki yaşanmışlıklardan kendimize pay biçip, bunun adını da tecrübe koyup, her şeye, herkese önyargıyla yaklaşıyoruz. Gerçeğini bildiğimizi sandığımız olayların esiri oluyoruz. Sorgulamıyoruz, dinlemiyoruz ve en önemlisi anlamıyoruz. Bakıyoruz ama görmüyoruz. Gördüğümüzü sandıklarımızda da yanılıyoruz. Hem kendimize hem karşımızdaki insanlara haksızlık ediyoruz. Şu sıralar çoğu yerde denk geldiğim bir hikâyeye burada da yer vermek istiyorum.

Bir gün bir baba ile oğlu tren yolculuğu yapar. Trenin penceresinden bakan yirmi dört yaşındaki genç, heyecanla bağırır: "Baba bak, ağaçlar arkada kaldı." Babası gülümser fakat yanlarında oturan bir çift, gencin bu çocuksu davranışına şaşıp kalır. Yirmi dört yaşındaki genç bir kez daha bağırır: "Baba bak, bulutlar da bizimle geliyor!" Yanlarındaki çift en sonunda dayanamayıp yaşlı adama; "Sanırım oğlunuzun yardıma ihtiyacı var. Neden onu iyi bir doktora götürmüyorsunuz?" diye sorar. Baba şöyle cevap verir: "Oğlum doğuştan görme engelliydi, gözleri bugün açıldı. Biz de doktordan geliyoruz."

**Konuyla alakalı en güzel tedaviyi açıklamış**
**Aldous Huxley:**
**"İnsanın tüm evrende kesin olarak düzeltebileceği**
**tek bir şey vardır: kendisi."**

## Şahi, Neydi Sevgi?

Hani sevgi emek vermekti. Hani iyilikti. Öyle değilmiş meğerse. Ya da şarkılarda, filmlerde ve şiirlerdeki sevgi, bizim şu zamanda yaşadıklarımızdan değilmiş; çünkü emek verip yüreğimizde taşıdığımız kim varsa soluğu tepemizde aldı. Elinden tutup beraber yürüdüklerimiz konu sevgi olunca nedense hep gerimizde kaldı. Yaptıkları birçok şeyi görmezden gelip, "Zamanla düzelir," dediklerimiz iyi niyetimizi ve güvenimizi yıktı.

İşte bu yüzden kimsenin dudaklarından dökülen, "Seni seviyorum," sözlerine inanmıyorum, inanamıyorum. Bırakın verdikleri sözleri, tanıdığım insanları bile artık tanıyamıyorum. Ya siz benim bildiğim sevgiye yabancısınız ya da ben sizin adına sevgi dediğiniz şeyi anlayamıyorum.

**Ben artık birini sevebilecek gücü**
**kendimde göremiyorum.**
**Beni bu duruma getirenleri Allah'a havale ediyorum.**

## Yalnız Yaşanan Aşklar

Bazı aşklar yalnız yaşanır. Sen onu seversin. Hayatına alırsın. Onunla geçirdiğin her dakika ona biraz daha alışırsın. Kendini hiçbir zaman gitmeyeceğine inandırırsın. Bir gün bir bakarsın gitmiş. Yanılmışsın. İçin yanar ama onu içinden söküp atamazsın. Bir şeyleri kolay kolay kestirip atamazsın. O, hayatına hiç girmemiş gibi devam eder ama sen yapamazsın. Onca acıyı, yaşanmışlığı ve anıyı sana bırakıp çekip gider ama yine de ona kızamazsın; çünkü aşk, onun bıraktığı acılara bile âşık olmaktır, o acılara sarılacaksın. Tek başına yaşanan ve tek başına yaşatılan aşklar var hayatta. Biri gideni, biri özleyeni oynar. Biri sevmeyeni, diğeri sevilmediğini iliklerine kadar hissetmesine rağmen seveni oynar. Bu böyle gelmiş, böyle de gider. Her aşkın bir katili ve bir kahramanı vardır.

Katil; onca zamanı, onca anıyı, onca yaşanmışlığı, onca değeri ve sevgiyi öldüren, hiçbir zaman gitmeyecekmiş gibi hissettirip gidendir. Kahramansa, yaşanılan her şeyi ve ilişkiyi kurtarmak adına her şeyi yapandır. Eğer bu yazıyı okuyorsan aşkının kahramanı sensin. O her şeyi öldürmek için çabalarken, sen sevgini ve ilişkini ayakta tutmak için uğraştın. Bu vicdan rahatlığı sana yetsin.

**Bir gün biri gelecek, sevilmek nedir göreceksin.**
**Öyle güzel sevileceksin ki,**
**"Tüm çektiklerime değdi," diyeceksin.**

## "Çabalamadı Diyemezsin"

Ne içimde en ufak bir pişmanlık taşıyorum sana dair ne de vicdanımda beni rahatsız eden bir acı. Neden biliyor musun? Çünkü çabaladım, denedim. Ben her zaman, yüreğim ellerimde sana geldim. Senin o gelgit hallerini, ne istediğini ve ne hissettiğini bilmeyen kaprislerini, beni acıtan sözlerini hep sineye çektim; ama öyle bir an geldi ki kalbim, "Artık yeter!" dedi. Bir sevgi hiçbir zaman tek taraflı yürümez, "Bu iş burada biter," dedi. Evet, sen konusunda vicdanım rahat. Anlıyorum ki suç sende değil, bende. Hak etmediğin kadar seni sevdiğim, hayatımda yer verdiğim, beni sevmen için her türlü yolu denediğim, elimi acıtacak taşların altına elimi koyduğum için. Seni bunca sıradanlaşmış insanın içinde farklı, bunca kirliliğin içinde temiz gördüğüm için. Sana hep, "Sen benim için farklısın," derdim ya hani, artık sen de herkessin. Sen insana seni sevmenin bedelini ağır ödetirsin.

Öğrendim ki herkese fedakârlık yapılmazmış. Bir insanın gösterdiği sevgi ise yüreğinin büyüklüğü kadarmış. Önceliği ben olmayanla nereye kadar, artık benden de bu kadar.

**İnsanın elinden geleni yapmış olmasının verdiği huzur ve rahatlık diye bir şey var.**
**Yaşamanız dileğiyle.**

# Sen Hep Haklıydın Anne

Evet, anne, evet, sen hep haklıydın. Bunu anlamam biraz zaman aldı. Hani demiştin ya bana, "İnsanlara bir adım atarken bin kere düşün," diye. Hani hep derdin ya bana, "İnsanların söylediklerine değil de yaşattıklarına bak," diye. Yine hep derdin ya bana anne, "Kime güvendiğine, kiminle birlikte yürüdüğüne ve kimi sevdiğine dikkat et; çünkü bazı hataların, harcadığın yılların ve diline yapışan pişmanlıkların telafisi olmaz," diye. Gerçekten de olmuyormuş anne; ama insan yaşamadan da öğrenemiyormuş bazı gerçekleri. Göremiyormuş insanların taktığı maskeleri. Hani bana hep söylerdin, "Sonun güzel olsun," diye. Birlikte yola çıktığım birçok insanı yolun sonunda kaybedince anladım ne demek istediğini. Evet, artık daha tecrübeliyim fakat böylesi bir tecrübenin karşılığı da yorgunlukmuş. Yoruldum; ama bu yorgunluk öyle fiziksel olanlardan falan değil. İyi niyetlerimden, yüreğimde kaybettiklerimden ve bir gün her şey güzel olacak diye gösterdiğim gayretimden bile yoruldum. Artık en büyük düşmanım iyi niyetim. İyi niyetimi gören insanlardan korkuyorum.

Korkuyorum çünkü beni iyi niyetimden vuracaklarını biliyorum.

**Ben artık sizin ne istediğinizi, ne hissettiğinizi**
**bilmediğiniz yanınızla savaşmıyorum.**
**Siz beni yendiğinizi sanın,**
**ben buna "büyümek" diyorum.**

# "İyi Niyetiniz Bile Kötü"

Ben size güvenmemin bedelini her zaman en ağır şekilde ödedim. Ödettiniz. Beni güvendiğime, değer verdiğime ve sevdiğime pişman ettiniz. Yetmedi bu pişmanlığı iliklerime kadar hissettirdiniz. İyi insan rollerinize kanmıyorum artık; çünkü, "Benden sana zarar gelmez," diyenlerin bana en büyük zararı vereceklerini, "Seni en güzel ben severim," diyenlerin beni sevilmeye muhtaç edeceklerini, "Bana güven," diyenlerin güvendiğime pişman edeceklerini çok iyi biliyorum. Kaliteli insan rollerinizin arkasındaki kalitesizliği görebiliyorum. Aslında ben her defasında herkesi kendim gibi sanıyorum. Bu yüzden de hep kaybediyorum; ama artık öyle değil. Neyin ne olduğunu daha iyi biliyorum. Mesela kendimden başka kimseye değer vermiyorum. Sevmiyorum. İyi niyetinizin arkasındaki kötülüğü hissedebiliyorum. Bundan sonra hiçbirinize güvenmiyorum. Birine sarılmak istediğimde kendime sarılıyorum. Sevmek istediğimde kendimi seviyorum. Kimseye ihtiyacım yok. Ben artık kendi kendime yetebiliyorum.

**Şu seviyormuş gibi hallerinize önceden inanıyordum. Şimdilerde yalnızca gülüyorum.**

## Ben Sana Yetmedim

Ne yaparsam yapayım, ne sana yaranabildim ne yetebildim. Senin için yaptıklarım, çabalarım, fedakârlıklarım, emeklerim, sevgim, kısacası hiçbir şeyim sana yetmedi. Yetemedim; çünkü birinin elini tuttuğu halde gözü dışarıda olan insanın ayağına dünyaları serseniz yaranamazsınız. Ben de yaranamadım. Seni bu kadar güzel seviyor olmamı sana yettiremedim. En ufak olumsuzlukta başkalarına yöneldin.

Buna rağmen beni kestirip attığın yerde ben hep seni bekledim. Defalarca geldin, defalarca gittin. Ben vazgeçmedim çünkü vazgeçmek için sevmedim. Senin bu zamana kadar oturmamış karakterini düzeltemezdim ama değişmeni bekledim. Seni sevdiğimi görmeni istedim. Görmedin. Sen, seni her şeye rağmen isteyen, hayatının her anında önceliğini sana veren, seni kendinden daha çok düşünen birinin değerini bilemedin. En sonunda baktım olmuyor, ben de gittim. Zaten kal da demedin. O an anladım ki sen benim hiçbir şeyimi hak etmedin, etmeyeceksin. Senin için yaptığım hiçbir çabama değmezsin. Beddua etmiyorum, beni anlaman için söylüyorum; kendin gibi insanlara düşesin.

**Bana da yazıklar olsun,**
**hiç gelmemiş bir insanın gelmesini bekledim.**

## Akrep ve Kurbağanın Hikâyesi

**"Bazı insanları belki değişir diye bekliyorsunuz; ama yılan sadece derisini değiştirir, huyunu değil."**

Şimdi size bir hikâye anlatmak istiyorum. Bu hikâyeyi okuduğunuzda, kendinizi bir an kurbağanın yerine koyacağınızı düşünüyorum.

Günlerden bir gün nehrin kıyısındaki kurbağanın yanına bir akrep yaklaşır. Akrebin kendisine yaklaştığını gören kurbağa bir an korkudan irkilir ve geri çekilir. Bunu gören akrep kurbağaya, "Kurbağa kardeş, benim nehrin karşısına geçmem lazım, bana yardım edebilir misin?" diye sorar. Kurbağa bir an düşünür, "Olur mu öyle şey, sen akrepsin, ben seni nasıl karşıya geçiririm, sen bana zarar verirsin," diye cevaplar. Kurbağa her ne kadar iyi niyetli olsa da akrep o kadar iyi niyetli değildir. Vereceği cevabı da çok iyi bildiği için kurbağaya, "Korkma, benden sana bir zarar gelmez, hem seni sokarsam nehrin dibini boylar, birlikte ölürüz," şeklinde cevap verir. Kurbağa bir an düşünür ve akrebin verdiği bu cevabı mantıklı bulduğu için akrebe güvenip onu nehrin karşısına geçirmeye karar verir.

İkisi de nehrin diğer ucuna geçmek için suyun içinde yolu yarılamışken kurbağa ensesinde bir sızı hisseder. Vücudu hızla soğumaya başlar, kolları ve ayakları hissizleşir. Suyun dibini boylarlarken kurbağa son nefesinde şu soruyu sorar: "Ben sana güvenmiştim, hani beni sokmayacaktın, neden yaptın?" Akrep de omuzlarını silkerek şöyle cevaplar: "Ne yaparsın, benim huyum bu."

Şimdi bu hikâyeyi neden anlattığımı soracaksınız. Hayatınıza aldığınız insanlara şöyle bir bakın ve bu hikâyedeki akreple onları yan yana getirin. Aynı profile sahip değiller mi? Bir fark olmadığını göreceksiniz. İşte bazı insanlar da tıpkı bir akrep gibi. Başta gelip güven verir, hiç gitmeyecekmiş gibi, zarar vermeyecekmiş gibi bize masumca yaklaşır, sonra ummadığımız bir anda bizi zehirler. Sonra içimizdeki o sızıdan anlıyoruz insan görünümlü bir akrep tarafından sokulduğumuzu.

Güveniyorsun, inanıyorsun, seviyorsun, değer veriyorsun. Sonuç? Canının acısıyla kalıyorsun. "Keşke güvenmeseydim," diyorsun ama iş işten çoktan geçmiş oluyor. Hiçbir şey yapamıyorsun.

**Güvenmenin karşılığını okkalı acılarla aldığında bir daha kimseye kolay kolay güvenemiyorsun.**

*Sana gelirken mutluluktan*
*havalara uçtuğum yolları,*
*ciğerlerim sökülene kadar*
*ağlatarak döndürttün.*
*Beni unut, bunu unutma.*

## Samimiyet Lazım Bize, Samimi Niyet Lazım

Ben söyledikten sonra yerine getirilen ısmarlama samimiyetlere ve duygulara kapım kapalı. Hiçbir şey söylenmeden yapılan inceliklerin, verilen emeklerin kredisi bende her zaman var.

Bir insanı tanımak, o insana nelerden hoşlanıp hoşlanmadığını kendisine sorup, alınan cevaba göre o insana davranmak demek değildir. Mesela beni tanımak isteyen her kim olursa olsun, şu soruyu soruyor: "Anlatsana, nelerden hoşlanırsın, nelerden hoşlanmazsın?" Ben de bunları sana söylersem ne anlamı kalır, kendin keşfet beni diyorum; Çünkü neleri sevdiğimi, neleri sevmediğimi söylediğimde o insanın benden duyması yerine kendisinin keşfetmesinden yanayım. Sipariş üzerine kurulan bağların, ısmarlama duyguların benim hayatımda yeri yok.

Sizin de olmasın. Haberim olmadan yapılan inceliklerin, gelişigüzel verilen değerin, samimiyetin ve samimi niyetin bende sonsuz yeri var. Sizi, size sorarak ve sizden aldığı cevaplara göre davranarak tanımalarına izin vermeyin. Bırakın sizi kendileri keşfetsin.

Şu anki bulunduğunuz durumun iyi ya da kötü olmasının hiçbir önemi yok. Bu zamana kadar üzerinizde zerre hakkı ve emeği olmayan insanların sizi sözde tanıma çabalarına müsaade etmeyin. Ismarlama samimiyetlere kapınızı kapatın. İsteyen o kapının kilidini açmayı bilecektir, göreceksiniz.

**Senin de düşüncelerin**
**bu asrın insanlarına denk değilse,**
**bendensin.**

## *Çabaladığıma Değsin İsterdim*

Bir kere de, sadece bir kere çabaladığıma değsin istiyorum. Bir kere de bir insanı tanıdığıma pişman olmayayım. Bir kere de bir şeylere yüklediğim anlamların altında kalmayayım.

Kimi tanısam pişmanlık... Kimi hayatıma katsam eksiliyorum. Bir kere de yaptığım fedakârlıkların karşılığını vefasızlık olarak almayayım; ama olmuyor işte, ne yapsam olmuyor. Neye elimi uzatsam elimde kalıyor. Kimi tanısam pişman oluyorum. Ne için çabalasam boşa kürek çekmiş oluyorum. Neye anlam yüklesem yüklediğim anlamların altında kalıyorum. Önceden yeni insanlar tanırdım. Onların hikâyelerini merak eder, dinlerdim.

Hayatımda biri olsun seveyim, sevileyim, her anımı onunla paylaşayım isterdim. Fakat artık bırakın hayatıma birini almaya çalışmayı, kimseyi tanımaya dahi yeltenmiyorum; çünkü tanımaya çalıştığım insanın beni kıracağını biliyorum. Ben yalnızlığıma sığındım, onda dinleniyorum.

**Dostoyevski'nin şöyle acı bir yakarışı var:**
**"Gücümü, içimdeki güçsüzlükle boğuşurken tükettim."**

## Neden Kaybediyorsun?

Neden kaybettiğini ben anlatayım. Bir kere herkesi kendin gibi görüyorsun. Herkes senin gibi olmaz canımın içi, ilk önce bunu bilmelisin. Herkes senin gibi ince düşünmüyor. Herkesin senin gibi bir kalbi yok. Karşındaki insanda kendini görmeyi ve herkesi kendin gibi zannetmeyi derhal bırakmalısın.

Her insana, "Bana bundan zarar gelmez," gözüyle bakıyorsun. "O öyle bir şey yapmaz," diyorsun. Söylenen iki güzel cümleye inanıyorsun. Sonra bir bakmışsın, "Bana bundan zarar gelmez," dediklerinin sana bıraktığı acılarla mücadele ediyorsun. Yapma.

Sonra hayatı boyunca sesini dahi duymayı hak etmeyecek insanlara değer veriyorsun. Üstüne bir de onlar için çabalıyorsun. Değmediğini çok sonra anlıyorsun ama sonrasında elinden bir şey gelmiyor. Kendinden daha çok önemsiyorsun mesela. Kendi mutluluğundan kısıp başkalarını mutlu etmeye çalışıyorsun. Üstelik onların senin için hiçbir şey yapmadığını bildiğin halde. Sürekli bir şeyler için elini taşın altına koyan sen oluyorsun. Kimse senin için parmağını oynatmazken sürekli çabalayan sensin; bu yüzden kaybediyorsun.

İçinde fırtınalar koparan sensin, senin için yaprak bile kımıldatmayan onlar. İşte bu yüzden kaybediyorsun. Seni kaybetmeyi ve sensizliği göze alıp kendine yakıştırmış insanların gitmemesi için mücadele ediyorsun. Bu yüzden kaybediyorsun. Onlar başka limanlara sığınırken, sen onların kıyısında boğuluyorsun. Bu yüzden kaybediyorsun.

Artık yeter. Bundan sonra kimse için kendini yormuyorsun. Seni kaybedenleri kazanmak için uğraşmıyorsun. Gitmek isteyeni yolcu ediyor, kalmak isteyeni ağırlıyorsun; çünkü sen kaybetmeye yakışmıyorsun.

**Ve Nazım Hikmet'in şu cümlesine kulak veriyorsun:**
**"Bensizliği göze aldıysa, ben onsuzluktan bir şey kaybetmem."**

## Yanlış İnsanlara Güvendik

Güvenin tek kullanımlık olduğunu hepimiz biliyoruz. Bunu bile bile neden ikinci bir şansın sizi kurtaracağını düşünerek size duyulan güveni rahatça hiçe sayabiliyorsunuz? Ya da şöyle sorayım, bir insandan, "Keşke sana güvenmeseydim," cümlesini duymanın ağırlığıyla nasıl yaşıyorsunuz? Size güvenmek için her yolu deneyen, şu çivisi çıkmış dünyada onca kirlenmiş kalbin içinde size tutunmaya çalışan insanların güvenini ve sevgisini mumla arayacak ama bulamayacaksınız. Bilmiyorsunuz.

Size verilen değeri, duyulan güveni ve önünüze koyulan sevginin değerini zerre bilmiyorsunuz. Her şeyi mahvedip gidiyorsunuz. Sonra, "Pişmanım," diye geri geliyorsunuz. Sizi zamanında doğru insan olarak gören insanların, artık sizi hayatta asla güvenilmeyecek bir insan olarak görmesinden zerre utanmıyorsunuz. Zahmet etmeyin, size güvendiğimiz için yerinize biz utanıyoruz; çünkü size güvenmenin bedelini ağır ödüyoruz.

**Kimi tamamlamaya çalışsak biz yarım kalıyoruz.**
**Herkesi kendimiz gibi sanıyoruz.**
**Belki de hatayı burada yapıyoruz.**

## Sen Çok Kalabalıksın

Yalnızlığın ortaya çıkardığı o güzel ve samimi duyguların insanıyım. Bir ormanda, ormanın bilincinde ama kendinin de farkında bir ağacım. Ben seni bugüne kadar kimsenin sevmediği ve hiçbir zaman sevemeyeceği kadar güzel ve özel severdim ama sen çok kalabalıksın. Bu kalabalık ikimizi de yorar. Benim adına insan denen çok yorgunluklarım var. Sen gelme. Nerede mutluysan orada kal. Yanı kalabalık olana özel kalsan neye yarar?

**Sevdiğim bir Burak Aksak sözüdür:**
**"Herkes o kadar kalabalık ki**
**kimin hayatına girsen fazlalık oluyorsun."**

# Tahammül Bitti

"Çevrene pozitif enerji yayan biriysen eğer, daha dikkatli olacaksın. Kafalarında yarattıkları saçma bir dünyayı senin kafana geçirerek enerjini çalmalarına izin vermeyeceksin. Hayatta sadece sorunları olduğunu düşünenleri anlamak zorunda bırakmayacaksın kendini. Hayatın gerçek bir mucize olduğunu, şiir gibi güzellikleri içinde taşıdığını, hayatın her insana bir şekilde gülümsediğini anlamayanlarla uğraşmayacaksın. İlişkilerinde sadece sorunlarını dile getiren, yaşadıkları onca güzelliği yok sayan insanlara bir dakikanı bile ayırmayacaksın. Hakkında hiçbir şey bilmedikleri halde konuşmaya kalkanları susturacaksın. Değerinin farkında olmayanlardan uzak duracaksın. Değerini bilerek yok saymaya çalışanlara ise haddini bildireceksin. Fındık kabuğunu doldurmayan işlerle boğuşmana sebep olan insanları sileceksin defterinden. Gülüşlerini çalmaya kalkanları çıkaracaksın hayatından. İlişkileri bir yük haline getirenleri uzaklaştıracaksın yanından ve ilişkinin mutluluk getirmesi gerektiğini yazacaksın kafana. Velhasıl, onca yılını vererek ışıl ışıl bir enerji deposuna çevirdiğin beynini düşünerek beyinsizlere ezdirmeyeceksin kendini..."

**Frank Sinatra**

## *Geç Kaldık*

Biz seninle her şeye geç kaldık. Birlikte izleyeceğimiz filmlere, gideceğimiz şehirlere, yiyeceğimiz yemeklere, okuyacağımız kitaplara, kulak vereceğimiz şarkılara ve birlikte yaşayacağımız bu aşka geç kaldık. Hayatta telafisi olmayan şeylerden birisidir geç kalmışlık.

Onu da en güzel şekilde başardık. Birbirimize sarılmamız gereken yerde, bizi çok yıprattık. Yaralarımızı iyileştirmek yerine, birbirimizi daha çok acıttık. Sen benden öyle bir anda, öyle bir gittin ki bana olan aşk borcunu gel gel ödeyemezsin. Belki de tanışmaması ve birbirinin hayatına girmemesi gereken iki yabancı olarak kalmalıydık. Şimdi kalbini söküp önüme koysan bizden yine bir şey olmaz; çünkü biz en çok birbirimize geç kaldık. Günahı ikimizin boynuna. Biz bu aşkın ahını birlikte aldık.

**Hayat sevince güzeldi, biz bunu başaramadık.**

## Olmuyorsa Zorlama

Baktın olmuyor, zorlama... Yeter artık kendini değmeyecek insanlar için yorup yıprattığın. Olmuyor işte, görmüyor musun? Sevmiyor. Sevmediği yetmiyormuş gibi başkalarıyla gülüyor. Başkalarını seviyor. Ona ihtiyacın olduğunu bile bile başkalarının yanında oluyor. Sen de bir şeylerin olması için uğraşıyorsun. Zorla güzellik olmaz, bilmiyor musun? Ama ben sana söyleyeyim, kendine yazık ediyorsun. Sen onun gibi bir insanı değil, daha iyisini hak ediyorsun. Yıllar sonra hak etmeyen insanlara sevgini sunduğun, bir şeylerin olması için tek taraflı uğraştığın, olmayacağını bile bile zorladığın şeyler için kendine güleceksin, bilmiyorsun. Canımın içi, kendini boş yere üzüyorsun. Yapma. Şimdi kalk ayağa, bundan sonra olmayacağını gördüğün her ne varsa onun için uğraşmayı bırakıyorsun.

**Mesela eskisi gibi olmayacağını bildiğim halde savaşmıyorum.**
**Olmayacağını anladığım noktada çabalamayı bırakıyorum.**
**Tam da o noktada kimsenin hiçbir şeye değmediğini ve hiçbir şeyi hak etmediğini daha net görüyorum.**

## Seni Fazla Abartmışım

Hiç unutmam, bir gün kendime şu soruyu sormuştum: "Acaba o olmazsa ne yaparım?" Bir zamanlar gerçekten bu soruyu kendime soracak kadar seni sevmiş ve sana alışmıştım.

Şimdi bakıyorum da sensiz çok güzel yapmışım. Ben seni fazla abartmışım. Sen gittikten sonra hiçbir şey değişmedi. Yine otobüsler yapması gereken seferleri yapıyor, kalkması gereken vapurlar saatinde kalkıyor, vizyona izlenmesi gereken yeni filmler giriyor, dolar bir çıkıyor bir iniyor. Bazen hava kapanıyor, hafif bir yağmur çiseliyor, sonra tekrar güneş açıyor. Ben de hiçbir şey olmamış gibi hayatıma devam ediyorum. Seni severken sensiz yaşayamayacağımı düşünüyordum. Meğer birini kendi hayatını hiçe sayacak ve yalnızca bir kişiye bağlayacak kadar sevmek büyük hataymış. Şimdi daha iyi anlıyorum.

"Sensiz yapamam," demiştim ya, sensiz de yapabiliyorum. Benim senden sonra da bir hayatım var, bak yaşıyorum. Şahsen beni çok seven bir insanın düşüncelerini bu kadar değiştirseydim ve bu cümleleri işitseydim, kendi adıma utanırdım.

Ama merak etme, ben senin yerine de seni sevdiğim için kendimden utanıyorum. Sayende bundan sonra kimseyi abartmıyorum. Kimseyi kendi hayatımla arama sokmuyorum. Ne eksik, ne fazla, hak ettiği kadar değer veriyorum.

**Ece Temelkuran'ın, "Sen artık kendinden ibaretsin. Sırf sana aitsin sen. Yeniden birilerinin bir şeyi, en kıymetli şeyi bile olmayı istemeyeceksin. İstesen de pek beceremeyeceksin,"[14] dediği yerdeyim.**

## Senden Vazgeçiyorum

O kadar çok uğraştım ki, o kadar çok çabaladım ki senden vazgeçmemek için. Sonunda bu savaşı kaybettim. Tükendim. İçimde sana ait olan ne varsa bitirdin. Artık senden vazgeçiyorum. Evet, vazgeçiyorum. Artık sevmiyorum, özlemiyorum. Seni bana hatırlatan her ne varsa çöpe atıyorum; çünkü olmayacak şeyleri zorlamaya çalışmaktan, bir şeyleri tek taraflı yürütmeye çalışmaktan, yoktan var etmeye çalışmaktan ve olmayacak duaya âmin demekten yoruldum. Artık beni kestirip atan bir insana tutunmuyorum. Şimdi mutlu ol, ben senden vazgeçiyorum.

**Artık gitmek isteyen kimseye, "Kal," demiyorum.**
**Aksine, kapıyı gösteriyorum.**
**Bensizliği kendisine yakıştıran insanlar için**
**kendimi asla yormuyorum.**

**Sana Peyami Safa'nın bir sözüyle sesleniyorum: "Biraz gül yahu! Değmez vallahi bu dünya."[15]**

Biraz acıtıyor, biraz ağlatıyor, biraz özletiyor, biraz da sevdiriyor ama nihayetinde yine de her şey geçiyor. İnsanoğlu, "Alışamam," dediği nelere alışmıyor. "Atlatamam," dediği neleri atlatıyor. Biraz kaygılanıyor ama sonradan görüyor ki, derdini veren Allah, dermanını da veriyor.

Bak canımın içi, dertlenip durma. Her şey geçecek. Kendini hiçbir şeyin geçmeyeceğine teslim edecek olursan daha önceki şeylerin geçip gittiğini, bir zamanlar seni boğan, canını sıkan şeyleri hatırlamayacak kadar unuttuğunu düşün. Bak sana tam da konumuzla ilgili bir hikâye anlatayım.

Bir gün birisi Hz. Ali efendimize gelip, "O kadar dertliyim ki sıkıntıdan ölüyorum," demiş. Hz. Ali, "Sana iki soru soracağım, cevabını verip dermanını bulacaksın," diye karşılık vermiş. Adam, "Sor ya Ali," diye cevaplamış. Hz. Ali, "Bu dertle birlikte mi dünyaya geldin?" diye sormuş. Adam, "Hayır," demiş. Hz. Ali, "Dünyadan giderken bu dertle birlikte mi gideceksin?" diye sormuş. Adam yeniden, "Hayır," diye cevaplamış. Hz. Ali son olarak şunları eklemiş: "Seninle birlikte gelmeyen ve giderken de seninle birlikte olmayacak bir dert senin bu kadar zamanını almamalı. Sabırlı ol. Yeryüzündekilere çok ümit bağlamaktansa yüzünü Rabb'ine çevir."

**Üç günlük fani hayatında,**
**dertlerinin baki kalacağını mı sanıyorsun?**
**Sabret, bu da geçer.**

*Günün tavsiyesi:*
*Anlamayanlar için cümlelerini,*
*kalbi olmayanlar için hislerini yorma.*

**"Çöllerin ortasında bıraktığınız insanların size gül bahçesi sunmasını beklemeyin."**

Sevmeden sevilmeyi, değer vermeden değer görmeyi, vermeden almayı, anlamadan anlaşılmayı istiyorsunuz. Çöllerin ortasında bıraktığınız insanların size gül bahçesi sunmasını istiyorsunuz. Alışmışsınız sürekli yan gelip yatmaya, yalnızca olduğunuz yerden konuşmaya, seviyorum deyip yaşatmamaya, sevdiğiniz insanları arkanızda bırakmaya ve ahını almaya. Kusura bakmayın, yok öyle bir dünya.

Her şey karşılıklı. Kime ne veriyorsanız, nasıl davranıyorsanız, öyle karşılık alırsınız. Üç kuruş verip beş köfte almanın dönemi tarih oldu. Elinizdekilerin değerini ya bileceksiniz ya da davrandığınız gibi karşılık alacaksınız. Siz ve "değer bilme" kavramını yan yana düşünemiyorum ama olsun, biz sizin bencil yanlarınızla da savaşırız.

**Aslında size, sizin gibi davranmak lazım.**
**Bizi anca o zaman anlarsınız.**

## Sil ve Rahatla

Sen yürüyerek uzaklaştığında o koşarak uzaklaşıyorsa sil ve rahatla. Bir insanın senden aldıkları, sana kattıklarından fazlaysa sil ve rahatla. Kendi hatalarını görmeyip sadece senin hatalarını görmeye odaklanmışsa sil ve rahatla. Anlamayı bilmeyenin dinlemesi boşa. Yalnızca dinlemek için dinliyorsa sil ve rahatla. Meşgul olduğu vakitler müsait olduğu zamandan fazlaysa ve sana vakit ayırmıyorsa sil ve rahatla. Kendinden ödün vermeyip sürekli senden bir şeyler bekliyorsa sil ve rahatla. Sadece kendi acılarını anlatıp bencillikten gözünün önünü göremiyorsa sil ve rahatla. Hiçbir şeyden memnun olmuyorsa ve kendini düşünmekten besleniyorsa sil ve rahatla. Menfaati için sevgisini hiçe sayıyorsa ve mutlu olmak için seni mutsuz ediyorsa sil ve rahatla. Bir şeyleri başardığında kıskanıyorsa ve kıskançlığını sahte gülüşleriyle bastırıyorsa sil ve rahatla. Mutluluğuna ve hiçbir acına ortak olmuyorsa sil ve rahatla. Bu tür insanları hayatında barındırma. Bunlar yalnızca yük olur sana. O yüzden sil, rahatla ve devam et yoluna.

**Kimseye kendini kanıtlamak zorunda**
**değilsin bu hayatta.**
**İnsanın kalbinde ne varsa gözleri de onu görür, unutma.**

## *Mucize Sensin*

"Bir mucize olsun," diye diye ömür bitiyor iki gözüm. Bırak artık mucize beklemeyi. Bilir misin, en güzel mucize sensin. O kadar şey yaşadın, üzüldün, kırıldın, yıprandın ama bak hâlâ ayaktasın. "İçinden çıkamam," dediğin her acıdan tek başına çıktın. Tüm bu yaşadıklarına rağmen hâlâ bir mucize olmasını bekliyorsan şayet, kendine en büyük haksızlıksın. Hak etmediğin o kadar şeyi yaşayıp yine de ayakta kalmak, her şeyi hiçbir şey olmamış gibi geride bırakmak ve her defasında yeni bir sayfa açmak mucizelerin en güzeli değil midir? Eğer bunları başarabildiysen senin mucizeye ihtiyacın yok demektir. Bu yüzden bir mucizeye ihtiyacın varsa aynanın karşısına geç. Gözlerin en güzel mucizeyi görecektir.

**Bir mucize olmasını bekleme artık.**
**Aynanın karşısına geç, mucizelerin en güzelini gör.**

# Alışacaksın

"Onsuz yapamam," deme, yapacaksın. Bu zamana kadar nasıl yaşadıysan bundan sonra onsuz da yaşayacaksın. Hayatını hiç kimsenin vicdanına, inisiyatifine bağlamamalısın. Tamam, seviyorsun, özlüyorsun, üzülüyorsun ama bilmen gerekiyor, bazen bitmesi ve bunu kabullenmen gerekir. Ayrılık da sevdaya dahildir. Bazen öyle bir seversin ve bu öyle bir hal alır ki ne onunla olur ne de onsuz. Tam ortada kalırsın bazen. Seviyorsun. Hem de deli gibi. Öte yandan da oluru olmadığını düşünüyorsun. Bu ikilem mahvediyor seni. Merak etme, bilirim o duyguyu. Yaşadım çünkü. Hani böyle kestirip atmak istemezsin. Ayrılmayı istemezsin, bitmesine gönlün razı olmaz. Ama öte yandan da olmayacak duaya âmin demek, ilerisini göremediğin bir şey için de boşa çabalamak mantıksız gelir. Bak ne diyor bir şarkının nakaratı: "Sönmüyor ateşimiz ama alev alev de yanmıyor. Ayrılık zor ama beraberken de olmuyor."[16] Alıştığın için onsuz olmak istemiyorsun. Sevdiğin için ondan kopmak istemiyorsun; ama üzülme canım, varlığına nasıl alıştıysan yokluğuna da öyle alışıyorsun.

**Albert Camus'nün de dediği gibi:**
**"İnsan eninde sonunda her şeye alışır."**

## İyiyim Dedim ama Sabahı Zor Ettim

Bilemezsiniz arkadaşlar, bilemezsiniz. Kim içinde ne denli bir acı, ne denli hüzün taşıyor bilemezsiniz. "İyiyim," diyen insanın sabahın dördünde yatağın bir ucuna oturup gözyaşı döküp dökmediğini bilemezsiniz. "İyiyim," diyen insanın aldatılıp aldatılmadığını bilemezsiniz. "İyiyim," diyen insanın içinde bir acıya dahi yer kalıp kalmadığını bilemezsiniz. "İyiyim," diyen insanı en çok ailesinin yorup yormadığını bilemezsiniz. "İyiyim," diyen insanların gözlerinin içine bakın, çok iyi bakın. Gözler yalan söylemez, "İyiyim," diyenler aslında iyi değil. Aksine, içinde ne fırtınalar kopuyor ama kimseye belli etmiyor; Çünkü güçlü görünmek zorunda hissediyor. Ne kadar güçlü görünürse daha az zarar göreceğini düşünüyor. Bu yüzden de bir an olsun iyi mi kötü mü düşünmeden yalnızca iyiyim diyebiliyor. Çıkmadı ki karşımıza şöyle yanında iyi hissedeceğimiz insanlar. Herkes yıkım peşinde... İnşa etmeye gelince herkes kısır. Bırak insanların senin için iyi şeyler düşünmesini, herkesin birbirinin açığını aradığı, düştüğünde bir tekme de kendileri vurmak için fırsat kolladığı zamanlar bunlar. Unutmayın, insanı en iyi, kendisiyle aynı acıları yaşadığı insan anlar; çünkü o zaman bir anlam kazanır acılar. Ve bir insanı en güzel aynı şeyleri yaşadığı, aynı acılara gözyaşı döktüğü insan tamamlar. Diğerleri yalnızca, "Seni anlıyorum," der ama anlamazlar.

**Değmeyecek insanları sevmektense,**
**kimseyi sevmemek daha az acıtanı.**
**Bıraktım, sevgisizliklerinde boğulsunlar.**

# Beni Bu Hale Siz Getirdiniz

Bana hiçbir faydası olmayan insanların sürekli benden fayda beklediğini görmekten yoruldum. Bana bir gün olsun fedakârlık yapmayan, hiçbir şekilde elini taşın altına koymayan insanların sürekli benim elimi taşın altına koymamı beklemesinden yoruldum. Beni sevmeyen fakat benden sevgi bekleyen insanları anlayamıyorum. Neden hiçbir şey vermeden almaya çalışıyorsunuz? Neden anlamadan anlaşılmak istiyorsunuz? Neden sevmeden sevilmek istiyorsunuz? Anlayamıyorum.

Ben artık sizi anlamaya da çalışmıyorum. Önceden anlamaya çalışır, çıkar bir yol bulmak için uğraşırdım, çırpınırdım. Artık onu da yapmıyorum. Kim gelmiş, kim gitmiş, kim sevmiş, kim sevmemiş umurumda bile değil. Beni bu hale siz getirdiniz. Bu ben, sizin eseriniz. Bütün iyi niyetimi, sevgimi ve hislerimi tükettiniz. Zamanı var, ödeşeceğiz.

**Yaptıklarınızı ben yapsam beni affetmezdiniz.**
**Ben defalarca şans verdim, görmediniz.**

Aniden aynanın karşısına geçip kendine:
Ben ne güçlü bir insanım,
yaşadığım bunca şeye rağmen
ayakta kaldım. Zaman zaman sallandım
ama yine de yıkılmadım. Sabır taşı olsa
çatlardı ama ben dayandım, deme ve
kendini öpme isteği.

## Gerçek Sevginin Kölesiyim

Hayattayken kıymeti bilinen, hakkı verilen ve hissettirilen gerçek sevginin kölesiyim. Sevmemek için bahanelere sığınan insanlar da var, öldükten sonra sevgisini yaşatan insanlar da. Ben gerçekten bazı sevgilerin ölünce de yaşadığını düşünüyorum. Hayattayken, kolu bacağı tutuyorken, kalbi atıyorken, duyguları tazeyken hiçbir şekilde sevmeyen insanlar gördüm. Kalplerini sevgisizlik sarmıştı; ancak sevdiği ölmesine rağmen yıllarca ona ilk günkü gibi bağlı kalan insanlara da şahit oldum. Dedim ya, bazı sevgiler ölünce de yaşar.

Çok uzun yıllardır evli olan bir çiftin hikâyesi bu.

Adam her yıl, evlilik yıldönümünde eşine bir buket kırmızı gül gönderir. Eşini çok seven bu adamın geleneği, kendi ölümüne kadar devam eder. Öldüğünde cenaze töreni yapılır, taziyeler dilenir ve kadın bir başına yıllardır hayatını paylaştığı, arkadaşı, eşi, sevgilisi kısacası her şeyi olan adam olmadan evine döner. Eşi ölen bu kadın, adamın yokluğuna bir türlü alışamaz ve neredeyse her gün ağlayıp onu düşünür. Bu gel zaman git zaman böyle devam eder. Yine bir evlilik yıldönümü gelir çatar. O gün kadının kapısı çalınır. Kadın kapıyı açar ama kimsecikler yoktur. Sadece yerde bir buket kırmızı gül demeti durmaktadır.

Kadın heyecandan titremeye başlar ve demeti alır. Bayılmak üzere olan kadın, gül demetinin üzerindeki notu görür ve korkarak okumaya başlar.

*Karıcığım biliyorum bu senin için büyük ve şaşkınlık veren bir sürpriz oldu; ama bilmeni isterim ki sen her zaman benim en yakın arkadaşım, dert ortağım ve aşkım oldun. Ölmekle seni sevmekten vazgeçmiş değilim. Sevgiler ve mutlu bir hayat dilerim. Lütfen hayatını mutlu yaşa ve beni fazla düşünme. Bu güller sana sen kabul ettiğin müddetçe gelecek. Ta ki çiçekçi seni evde bulamayana kadar. O gün beş kez gelecek ve eğer sen hâlâ yoksan anlayacak ki sen de benimle berabersin.*

*Seni hâlâ çok seven eşin...*

Kadın bunun kötü bir şaka olduğunu düşünerek hemen çiçekçiyi arar ve durumu sorar. Çiçekçi ona her şeyi anlatır: "Hanımefendi, eşiniz size her sene bu güllerden gönderirdi ve bana bir gün ölürsem bu gülleri her sene aynı vakitte yine götürmemi söyledi ve bunların ücretlerini de o zaman fazlasıyla ödedi." Kadın telefonu neredeyse elinden düşürürcesine kapattı ve gözyaşları içinde güllere sarıldı...

Sevgi tükenmeyen bir hazinedir.

Allah hepimizi gerçek bir sevgili yapsın ve gerçek sevgiliyle karşılaştırsın...

## İste ve Başar

Sorun yalnızlık değil. Sorun sensin. Hayatında birinin olması ya da olmaması hiç önemli değil. İnsanlara değil, hayallerine sarıl ve onları gerçekleştir. Bunun için kimseye ihtiyacın yok. Sen kendi kendine de yetebilirsin. Bu hayatta tek istediği doğru insanı bulup, evlenip yuva kurmak gibi sıradan istekleri olan insanlardan olma. Evlenme, yuva kurma demiyorum. Tabii ki evlen ve yuva kur, çocuğun olsun. Aile her şeydir; ama bundan önce kendin için bir şeyler yap. Öldükten sonra arkanda bırakabileceğin bir şeyler olsun mesela. Hedeflerin olsun. Varmak istediğin bir yer, gerçekleştirmek istediğin şeyler olsun; fakat istemenin de yetmeyeceği aklının bir köşesinde bulunsun.

İstemek yetmez, gerçekleştirmek istediğin her ne varsa peşine düş. Konuyu biraz daha açayım. Herkesin hikâyesi olduğu gibi benim de hikâyem var ve herkesin hikâyesi kendisine derin. Benim de hikâyemin zaman zaman derin olduğu yerler var elbette. Ben bundan yıllar önce kitap yazmak gibi küçük bir hayal kurdum. Bu hayalime her gün sımsıkı sarıldım. Herkes bana, "Senin kitaplarını kim okuyacak?" gözüyle baktı. Gittiğim yayınevleri, "Senin kitapların satmaz, kimse okumaz," diye beni geri çevirdi ama bu durum beni pes ettirmedi. Aksine, daha da güçlendirdi ve ben hayalime daha sıkı sarıldım. İlk önce istedim, daha sonra olabilmesi için çabaladım ve başardım. Hayalimi gerçekleştirdim ve yanımda okurlarımdan başka kimse yoktu. Yani diyeceğim o ki sırf babam olmadığı için, "Bu çocuktan adam olmaz," gözüyle bakılan ben, bana bu gözle bakan herkese kitaplarımı okuttum.

Buna her gün anneme beni çocukken yurda vermesi için baskı yapan sözde ailem de dahil. Siz de yapabilirsiniz. İmkânsız diye bir şey yok. Zor var, onu siz de başarabilirsiniz. "Yapamazsın," diyecekler, kendileri yapmaya çalışacak. Seni vazgeçirmeye çalışacaklar ama sen yine de vazgeçmeyeceksin. Yenilmeni ve vazgeçmeni bekleyenler var, pes etmeyeceksin. Onlara en güzel cevabı, her zaman ayakta durarak ve vazgeçmeyerek vereceksin.

Unutma, vazgeçersen hak etmeyenler kazanır. İlk önce isteyeceksin, sonra çaba sarf edeceksin. Sonra da elde edeceksin. Elde ettikten sonra da değişmeyeceksin. Tüm samimiyetimle söylüyorum, yalnızca babam olmadığı için herkes bana, "Bundan bir şey olmaz," diyordu. Bakın şimdi sizler kitabımı okuyorsunuz.

**Diyeceğim o ki isteyin ve başarın.**

**Kitabı alınca Instagram hesabınızda**
**#kendinehosgeldin etiketiyle paylaşın**
**ve sonra benden gelecek mesajı bekleyin. :)**

## Kaynakça

https://www.ayyildizdanismanlik.com.tr/
https://kisiselbasari.com/
https://www.kendinigelistir.com/
https://www.kizlarsoruyor.com/

Notlar:

1 Edmond Jabès, *Öcü'nün Yemeğine Şarkılar*, çev., Nilüfer Zengin (Ankara: İmge Kitabevi, 2000).

2 Reşat Nuri Güntekin, *Çalıkuşu*, (İstanbul: İnkılap Kitabevi, 2007).

3 Arif Nihat Asya, *Kanatlarını Arayanlar* (İstanbul: Ötüken, 2019).

4 Brandon Camp, *Love Happens*, 2009.

5 Söz ve Müzik: Şebnem Ferah, "Sil Baştan"

6 Sabahattin Ali, *Canım Aliye, Ruhum Filiz* (İstanbul: Yapı Kredi Yayınları, 2019).

7 Söz: Mete Özgencil, Müzik: Gökhan Kırdar, "Umrumda Değil".

8 Söz ve Müzik: Sıla Gençoğlu, "Zor Sevdiğimden".

9 Hz. Mevlâna, "Deve ile Fare", *Mesnevi* Cilt II.

10 Söz ve Müzik: Sezen Aksu, "Sarı Odalar".

11 Söz ve Müzik: Neşet Ertaş, "Ahirim Sensin".

12 Söz: Yıldız Tilbe, Müzik: Ozan Doğulu, "Vazgeçtim"

13 Stefano D'Anna, *Tanrılar Okulu*, çev., Nehir Ötgür (Sinedie Basım Yayın, 2016).

14 Ece Temelkuran, *Kıyı Kitabı* (İstanbul: Can Yayınları, 2016).

15 Peyami Safa, *Yalnızız* (İstanbul: Ötüken Neşriyat, 2016).

16 Söz: Güven Baran, Müzik: Ozan Koçer, "Sönmüyor Ateşimiz"